人気サロネーゼがそっとお教えする秘訣

「愛されサロン」のつくり方

藤枝理子

清流出版

Prologue

Happy Carrierを咲かせましょう

はじめまして、藤枝理子です。

この本を手にしてくださり、ありがとうございます。

今、この出会いにワクワクした気持ちでいっぱいです。どうぞ、ティーカップ片手にリラックスした気分でお付き合いください。

私は現在、小さな自宅を開放して紅茶やマナーを学ぶフィニッシングサロンを主宰しています。気がつけば一五年以上の月日が流れているのですが、日々つくづく「女性として、これほどハッピーなキャリアはないのでは…？」と実感しています。

好きなことを仕事にして、たくさんのかたに喜んでいただき、自分自身も心豊かに成長させてくれる…。そんなハッピーキャリアの魅力を広めたくて、八年前、一冊の本を出版しました。「サロネーゼ」や「サロンマダム」という言葉も、まだ浸透していなかった頃です。

その頃から少しずつ「サロン」という存在がクローズアップされるようになり、いまや日本全国にお稽古サロンや趣味のアトリエが出現し、好きなことを仕事にする、このライフスタイルや生きかたが注目されるようになりました。

ブログやサイトを開けば、笑顔でイキイキと活躍するサロネーゼたちで一杯。そんな世界に、あなたはどのようなイメージを抱いているでしょうか?

私のまわりにいる「人気サロネーゼ」や「カリスマサロネーゼ」と呼ばれる先生がたの多くも、もともと何か基盤があったわけではなく、ゼロからサロンを築き上げています。決して特別な立場や環境だったということもなく、普通のＯＬさんや主婦だったかたが、多かれ少なかれ生徒という立場を経験して、いま先生として活躍しているのです。

私も、学生の頃からお稽古が大好きで、生徒という立場を長く経験しました。

「将来、子育てを終えた頃に、趣味のお教室でも開けたらいいな…」

そんな憧れは心のどこかにあったものの、遠い夢と思っていました。

その後、思いもよらず二〇代で先生の立場になってしまった私に、今度はこんな質問が集まるようになったのです。

「どのようにして、先生になったのですか？」

そう、生徒さんの中にも、いつか教室を開きたい！と思っているかたがたくさんいらして、どうしたら先生になれるのかを知りたがっていたのです。

そこで始めたのが、【自宅サロン開設講座】。

その中で、たくさんの悩みや相談事を聞くうちに、〝サロン運営には、多くの人が立ち止まりがちな一定のポイントやパターンがあること〟を知りました。

また、著書『サロンマダムになりませんか？』の出版を機に、「サロネーゼ倶楽部」というコミュニティの立ち上げに、運営サイドとして携わる機会に恵まれました。

そこで、多くの分野で活躍する先生がたと接するうちに、〝成功するサロネーゼには、ある共通項があること〟に気づき、ますます興味を持つようになったのです。

もちろん、私も初めから順風満帆だったわけではありません。私は夢だけを追いかけて、地図を持たずにいきなり走り出しました。持っているのは熱いパッションと勢いだけ。〝知識もない・ノウハウもない・キャリアもコネクションもない〟という、ないない尽くしの素人が、なかば思いつきで始めたサロン、失敗するのは目に見えています。

結果は予想通り。さんざん道に迷っては立ち止まり、あちこちにぶつかっては倒れ、自分でもずいぶんと遠回りをしたものだと思います。

「こんな大変な苦労をしたら、本が一冊書けそう…」と書き綴ってみたところ、実際に出版にまで至ったというのが前著の経緯。それほど苦難の連続だったのです。まず、そんな辛い経験を、みなさんにはしてほしくありません。

さらに、前著を執筆した頃とは、サロンをとりまく状況が大きく変わりました。最も大きな変化は、ブログやフェイスブックなどのパーソナルメディアの出現。これらの登場によって、サロンの敷居はだいぶ低くなり、ひと昔まえのセレブなマダムを囲む社交的なメージは薄れ、誰でも気軽にサロンを開くことができるようになりました。

その結果、サロンは乱立し、予約のとれない人気サロンと、運営の厳しいサロンとの二極化現象がうまれ、差は開くばかり。いまや〈サロン戦国時代〉ともいわれています。

この本では、そんな時代に即した、ここは押さえておきたいという鉄則、私自身の失敗体験から培った運営ノウハウ、そして人気サロンを主宰する先生がたとの出会いで学んだ成功事例やポイントをお話ししていきたいと思います。

それは単なるサロンの開きかたではなく、長く愛されるサロンづくりの秘訣です。

幸せを運ぶ四つ葉のクローバーを育てましょう

私が提唱するハッピーキャリア、サロネーゼというのは、〝自分の好き〟を仕事にするLike Work。ビジネス社会で男性と競い合うキャリアではなく、女性らしさを生かしながら、いつまでも自分らしく輝き続けることができる「やわらかキャリア」です。

おすすめする理由は三つ。

一つめが、女性特有のライフバランスです。

女性の人生には、結婚・出産・子育て・介護と、いくつもの波が待ち受けています。穏やかなさざなみばかりではなく、中には自分ではコントロールできないような、大きな波がおそいかかることもあります。

そんな女性の人生において、〈家庭・仕事・趣味〉この三つのトライアングルを、その時々の状況にあわせてフレキシブルに調整できるのが、まず一番の魅力。

子育て中も、成長過程にあわせてウェイトを加減することができます。

二つめの理由は、キャリアプランニングを自分で決められることです。

女性の場合、ファーストキャリアを定年まで続けるパターンは非常に少なく、結婚や出産の時期に、一時的にキャリアを離れる傾向にあります。

渦中にいると一生続くのではと思うような荒波でも、過ぎてしまえば一瞬の出来事にさえ感じるもの。そして、そのあとにやってくるのが、再就職という壁です。

その間のブランクが、デメリットと捉えられてしまうケースもあると聞きます。

サロンを始めるには年齢制限はありません。定年もありません。スタートもゴールも自分次第。自由にキャリアデザインを描くことができるのです。最近では退職後の楽しみとして、サロンを開くのが夢というかたも増えています。

そして三つめにして最大の理由は、自分も、そしてまわりもHappyになれることです。

女性は特に、人を喜ばせたり、人から感謝されることに幸せを感じるものですよね。誰かに必要とされているという実感が、そのまま生きがいにもつながり、「ありがとう。」という言葉が、何よりも嬉しいご褒美になるのではないでしょうか。

結婚して専業主婦となり家庭に入ったとしても、子どもが小さな頃は家族が自分を必要としてくれます。それが大きな支えとなり、主婦業に打ち込むことができ、充実感や達成感を得ることもできます。けれど、子どもが成長し、家族が家にいる時間が少なくなってくると、だんだんと取り残されたような気分になり、疎外感を覚え、「空の巣症候群」に陥る女性も少なくありません。

そんなとき、自分の存在意義を見出すことができるのも、このやわらかキャリア。つまり、好きなことをしながら感謝され、社会とつながりを持ちつつ、アイデンティティー＝私らしさを表現することができるのです。

幸せを運ぶといわれる、四つ葉のクローバーを思い浮かべてみてください。ハートが四つ並んでいますよね。

この四つ葉は幸せに導くハッピーキャリアの芽。そして、その小さな種は、あなたの手の中にあります。

この種を成長させるプロセスを、いまから四つのステップにわけてお話していきたいと思います。

世界にひとつしかない花を咲かせるために、大切に育てていきましょう。

「愛されるサロン」づくりの秘訣を
３つのサロンで伺いました。

いつか自宅でサロンを開きたい。
その夢を叶える第一歩は、素敵なサロン空間を
“お手本”として知っておくこと。
サロン併用住宅を手に入れた３人の先生がたに、
秘訣を教わってきました。

Salone 1

サロン文化発祥の国、フランスのエレガンスをふんだんに取り入れて

英国式紅茶&マナー教室「エルミタージュ」主宰

藤枝理子さん

←生徒さんを迎えるサロンであり、家族のくつろぎの場でもあるLDK。ミントグリーンと白を基調に統一。

↓フォーカルポイントにもなるマントルピース。どこから見ても絵になる空間。

本書の著者・藤枝理子さんの
自宅サロン「エルミタージュ」は、
プランの段階からサロンを計画した
サロン併用型住宅。
すみずみまで考え抜かれた、
生徒さんにとっても家族にとっても
心地よい空間には、
おもてなしの心があふれています。

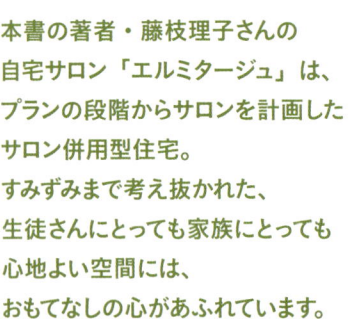

玄関ドアを開けると目に入る、パステルグリーンの壁にエレガントな家具。英国貴族も愛したという、フランス発祥のサロンさながらの空間が広がります。それもそのはず、藤枝さんが主宰する「エルミタージュ」は、フランス語で〝隠れ家〟という意味。特別な時間を過ごす場所にふさわしい空間です。
マンションにお住まいのときから自宅でサロンを開いていた藤枝さん。ご自宅を新築する際には、インテリアを整えるために必要な、デザイン様式を揃えられるかどうかなど、細かい点まで吟味して家づくりのパートナーを選びました。家具もひとつひとつ、空間にふさわしいものをセレクト。サロンを育てることと同様に、丁寧に空間づくりを進めてきました。

ガラスキャビネットには、レッスンに使うアンティークの銀器や食器を。ときどき入れ替えて楽しんでいます。

レクチャーは、ソファコーナーで。ソファは、サイズと生地を選び、「ウエストハウスギャラリー」でセミオーダー。

ソファの後ろの出窓には、レッスンのテーマに合わせたディスプレイを毎回しつらえています。

サロンは1階のLDK。プライベート空間と分け、生活感が出やすいキッチンまわりは収納の工夫をこらして、家族も快適で、生徒さんにとっても心地よい空間にしました。お掃除も心をこめて隅々まで。ドアノブまで磨き上げて、生徒さんをお迎えしています。

そんな細やかなおもてなしが感じられる空間は、おだやかでやさしい藤枝さんのお人柄も表しています。

レクチャーのあとは、テーブルに着席してティータイム。優雅に過ごす時間も、サロンレッスンの大事な要素。

教えて！理子先生

はじめてのサロンづくりQ&A

Q 生活感のあるものはどうしていますか？

A さりげなく隠す場所をもうけて意識が向かないように

自宅サロンの場合、家族で過ごす場を共有することが多いので、生活感のあるものをしまっておける場所をいかにつくるかが空間づくりのカギに。藤枝さんのサロンでは、小さなものまで収納場所が確保されています。

リモコン類は生徒さんが作ってくれたカルトナージュの箱に入れて。箱は出しておいてもOK。

存在感のある冷蔵庫は、目につかないようにパントリーに置き場をプラン。扉を閉めればスッキリです。

毎日届く新聞は、つい置きっぱなしになりがち。茶箱をカルトナージュしたスツールが専用の収納場所です。

Q 玄関のクローク＆ゲスト用のバッグ置き場は？

A シュークローゼットに来客用のコートハンガーをもうけました

シュークローゼットの中にハンガースペースを確保。玄関で受け取ったコートをスマートにお預かりします。

玄関のそばに設けたシュークローゼット。ドアを閉めればストックが目に入らず、気持ちよい空間に。

遠方からお越しになる方も多い藤枝さんのサロン。キャスターバッグをお預かりするときも、ここへ。

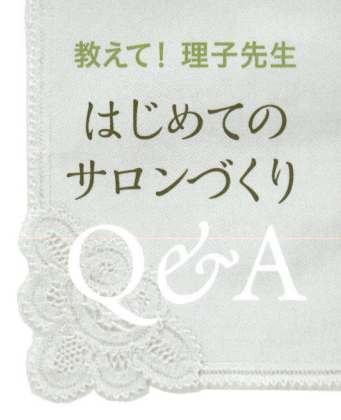

Q サロンを優雅に演出するアイテムは何ですか？

A 空間に合わせた家具とシルバーウエア、レースも欠かせません

←シルバーの4点セットは、イギリス・テトベリーで購入。↙レースはさまざまなアイテムを揃えています。

サロンのインテリアは、空間のスタイル（様式）と色を決めたら、家具から小物まで揃えるのが原則です。加えて、紅茶サロンに欠かせないテーブルアイテムは、ヨーロッパで買い付けた本場のものをレッスンでも使います。

←「リン・ホーリン」のキャビネットはアンティーク調にペイント。
↓ディテールにこだわって注文した、エレガントなフランスチェア。

Q レストルームで気をつけることは？

A 小さな空間なので遊び心のあるインテリアに。香りのおもてなしを

生徒さんが必ず使うスペースとして忘れてはいけないのがレストルーム。藤枝さんのサロンは、思わず感嘆の声が上がるほど愛らしい空間です。壁紙の色や柄など、狭い空間だからこそできる内装にしたのだそう。

サロンとはまた違った可愛いインテリア。香りのオーナメントを飾ったり、雨の日には、タオルを多めに用意しておくなど心配りも。

↑レッスンにも使うアンティークのシルバーカトラリーは、専用のボックスに収納。
↓よく使うカップ＆ソーサーの収納は、アイランドカウンターに専用の引き出しを作ってもらいました。

Q 収納はどうなっていますか？

A しまうものに合わせてスペースを確保。外には出さないように

生活に必要なもの＋レッスンのためのもの。サロンをしていると、どうしても持ちものが増えていきがちですが、対応できるだけの収納スペースはやはり用意したほうがベター。藤枝さんのサロンでは、もののサイズに合わせた収納スペースを用意。

調理に使う家電製品は、シンクの後ろ側に専用のスペースを設けています。引き込み式のドアが便利。

Q 入って欲しくない場所はどうしていますか？

A 目立たないようにドアを開けられないような工夫を

藤枝さんのサロンには、実はストックヤードが設けられています。その入り口は、それとわからないようにさりげなく。「鍵つきのドアノブに変えてしまうのも方法です」。開けないで、と言わなくてすむ工夫です。

藤枝理子先生の Schedule《スケジュール》

レッスンのある日は、どんなスケジュールで動くの？素朴な疑問にもお答えいただきました。

藤枝さんのサロンのレッスンは、1日1回、11時に始まります。おもてなしのひとつとしてお掃除も大切にしている藤枝さん、サロンはレッスン前に隅から隅まで磨き上げるので、家族を送り出したらすぐに準備をスタート。レッスンの30分前までにはテーブルのセッティングを終え、着替えを済ませます。

15時ごろにレッスンを終えたら、後片づけと翌日の準備、そしてレッスンの記録やお礼状書きなどアフターフォローのデスクワークをこなします。そこまでを終えたら家族の時間。夜はのんびりくつろいで過ごしています（レッスンの流れについては、113ページからでもご紹介しています）。

LESSON GUIDE

英国式の紅茶の愉しみ方＆テーブルコーディネートを学ぶ「英国式ティーレッスン」と、季節を楽しむワンデイレッスンの「暮らしを愉しむ12か月」、教室オープンまでのノウハウを伝える「自宅サロン開設講座」を開講。募集の告知は、HPとブログで行っています。

- 5:30　起床
- 6:00　朝食
- 6:30　家族を車で送る
- 7:00　レッスン準備
  掃除
  テーブルセッティング
  ティーフーズの準備など
- 11:00　レッスン開始
- 15:00　レッスン終了
- 16:00　後片づけ＆翌日の準備
- 18:00　デスクワーク
- 19:00　家事

- 20:30　夕食
  家族の団らんなど
- 23:30　就寝

Q レッスンのない日は何をしていますか？

A 取材を受けたり、原稿を書いたりしています

自宅でレッスンがないからといって、お休みになるわけではありません。雑誌やテレビの取材を受けたり、原稿を書いたりといった仕事は、できるだけレッスンのない日に進めます。

URL HP>>http://homepage2.nifty.com/hermitage1995/
Blog>>http://ameblo.jp/rico1995/

Salone 2

おもてなしが大好きな料理研究家の自宅サロンはキッチンが主役

「セトレボン」主宰　料理研究家
宮澤奈々さん

サロンの主役はもちろん、この大きなキッチン。憧れの「ポーゲンポール」のキッチンをオーダーしました。

数々の料理資格を取得後、自宅サロン「セトレボン」を主宰。外部の料理教室の講師としても活躍中。

おしゃれなおもてなし料理のオリジナルレシピが大人気の宮澤さん。スタイリッシュなのにくつろげる、素敵なサロンを見せていただきました。
(インタヴューは 153 ページに掲載)

2014年10月に4冊目の著書『アミューズでおもてなし』(池田書店) を上梓。小さなおもてなし料理を満載。

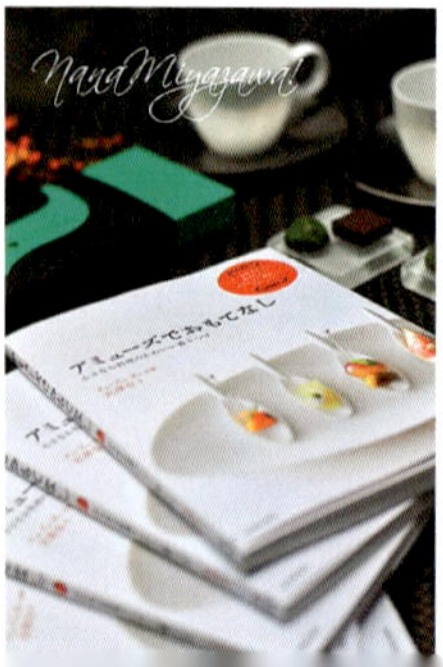

東京ガスが主催する料理教室など外部講師も務めつつ、自宅サロンでは2か月に1回のレッスンをマイペースで続けている宮澤奈々さん。4冊目のおもてなし料理の本を出版され、レッスン希望者はひきもきらない人気料理研究家です。

〝人が集う家〟をコンセプトにしたというお住まいは、シンプルモダン。主役は何と言っても、5m以上はありそうなアイランドキッチンです。何より料理をしているときが好き、という宮澤さんらしい空間です。

白を基調に、黒とシルバーで統一したスタイリッシュなインテリア。中庭のヌケ感も気持ちいい空間です。

キッチン側からダイニングテーブルを見たところ。大きな観葉植物が、中庭とインテリアをつなぎます。

ダイニングコーナーからキッチンまで続く、腰高に作られた収納家具に、その日お出しする飲み物をセット。

宮澤さんは器のプロデュースも手がけています。これは新作の「SANKAKU」。パッケージもおしゃれです。

テーブルウエア展で出合ってひと目ぼれしたというカトラリーのセット。もちろん、おもてなしに使います。

広い玄関ホールからサロンに入ると、手前にダイニングスペース、奥にキッチンという大空間が広がります。プライベート空間とサロンは完全にフロアで分け、1階はダイニング、テラス、キッチンカウンターと、食事ができる場を3か所もうけて、〝お料理でもてなすための空間〟に徹しています。

「キッチンで料理をしていると、くつろげる」という宮澤さん。まさに〝好きを仕事にした生活〟を楽しんでいらっしゃいました。

おもてなしのテーブルのセッティングも素敵です。フラワーアレンジは、グリーンを中心にご自身で。

教えて! 奈々先生

はじめてのサロンづくりQ&A

Q 生活感のあるものはどうしていますか?

A 出しておくものはデザインのいいものを。大空間のパントリーも活躍

生活感のあるものをしまうよりは、出しておいてもいいものを選ぶのが宮澤さん流。食材などものの量も多いので、食器や消耗品のストックなどが置いておける大空間のパントリーを新築時にプランしました。

↑パントリーは駐車場からも出入りできるように設計。
→カウンターに出しておくものは色を統一。

Q レストルームで気をつけることは?

A お化粧直しもできるように洗面とスペースを分けて。香りのおもてなしをプラス

キッチンの奥に配置されたレストルームは、玄関先では落ち着かないこともあるからという配慮。洗面台だけを使う人もいるので、トイレとは分けてもらいました。トイレットペーパーホルダーはダブルに。

Q 玄関のクローク&生徒さんのバッグ置き場は?

A シュークローゼットを玄関脇にプラン。バッグ置き場は収納グッズで

ふだんから人を料理でおもてなしするのが好きな宮澤さん。家を新築する際に、大人数をお迎えできるように玄関は広々と、シュークローゼットもたっぷりとりました。生徒さんのバッグ置き場は、畳める収納グッズを利用。

レストルームでは、香りのグッズでおもてなし。「デイナ・デッカー」が、最近のお気に入りとか。

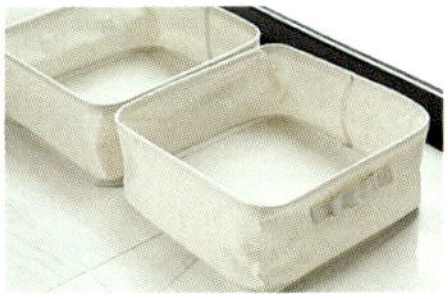

↑「無印良品」のランドリーバッグを床に置いて、バッグ置き場に。

←シュークローゼットの奥に来客用のコートハンガーがあります。

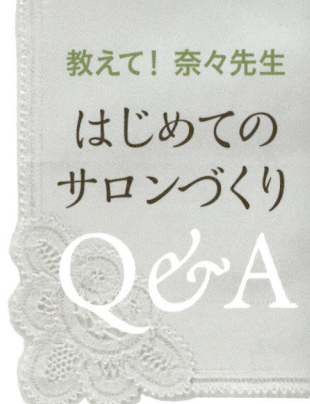

Q 収納はどうなっていますか？

A スペースはたっぷりと。誰が扉を開けてもわかるように整理して

キッチンカウンターの大きさもさることながら、宮澤さんのサロンは収納スペースもたっぷり。仕事柄食器も食材もストックが多いので、収納の扉の中も、ひと目でわかるようにラベルで管理。ごちゃごちゃしたものは収納ケースなどに入れて美しく。

Q サロンを優雅に演出するアイテムは何ですか？

A お料理のサロンは清潔感が第一。一にも二にもお掃除です

「お掃除を徹底することがいちばん」と宮澤さん。白い床にしたことでホコリも目につくようになり、毎夜にお掃除するのはもちろん、レッスン前にも床掃除。スチームモップで丁寧に磨いています。

Q 入って欲しくない場所はどうしていますか？

A サロンと居住空間は上下階で分けて見渡せるように

「○○しないでください」と言うのを避けるため宮澤さんが考えたのは、プライベート空間を２階にまとめ、階段をどこからでも見えるようにすること。キッチンに立っていても、中庭越しに階段が見えるので、うっかり間違える人がいても大丈夫。

玄関ホールに階段をもうけ、その奥に中庭、キッチンという配置。サロン空間へは右手から入ります。

宮澤奈々先生の Schedule《スケジュール》

お料理サロンの一日は、どんなスケジュール？
奈々先生に教えていただきました。

毎日の食事を大事にしている宮澤さん、レッスンの前日は、夕食の片づけが終わる 23 時ごろから 2 時半くらいまで翌日の仕込みをします。キッチンのお掃除を終えてから入浴し、3 時に就寝。

当日は、6 時に起床し、掃除、朝食と家族の送り出しをすませて 7 時半から再び仕込みを開始します。宮澤さんのレッスンは、デモンストレーションスタイルで行われるので、試食分以外にデモ用の材料も準備。レッスンは 11 時半～ 15 時半。終了後、生徒さんと一緒にお買い物に行くこともあるそう。一息ついたら、18 時半からは家族のための食事づくり。「一日中、キッチンにいる」というご自身の言葉どおりのスケジュールです。

LESSON GUIDE

東京ガス主催の料理教室の外部講師（単発）と、自宅での 2 カ月に 1 回のレッスンを数クラス開催しています（自宅でのレッスンは現在、新規の募集をしていません）。外部の料理教室、自宅レッスンともに、ブログでご案内しています。

- 6:00　起床
  掃除、朝食
  家族の送り出し
- 7:30　仕込み開始
- 9:30　買い物

- 11:30　レッスン開始
- 15:30　レッスン終了
  その後、生徒さんとの買い物など
- 16:30　休憩
- 17:30　買い物
- 18:30　家族の夕食準備
- 19:30
  ～　夕食
- 20:00
- 22:00　夕食終了
- 23:00　片づけ終了

Q レッスンのない日は何をしていますか？

A キッチンを磨くか、料理教室へ行きます

「時間のあるときは、キッチンを磨いたり、ふだんお掃除しない場所を掃除する」というきれい好きな宮澤さん。人を招いてリラックスしたり、月に 1 回はインプットの週をもうけて、お料理教室や外食に出かけるそう。

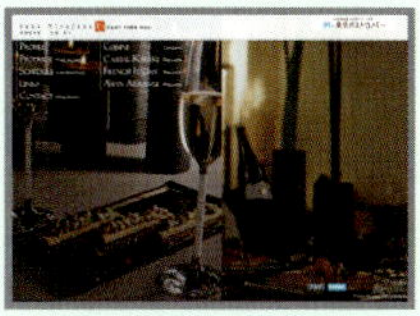

HP>>http://nanamiyazawa.com/
Blog>>http://nanamiyaza.exblog.jp/

フラワーアレンジはパリスタイルをレッスン。おもてなしの提案は「ずっとやりたかったこと」だったそう。

モダンなガラステーブルに、スタイリッシュエレガントな「ワインを愉しむテーブル」をセッティング。

Salone 3

シンプルモダンな空間で
パリスタイルの花と
おもてなしをレッスン

「フルールドセゾン」主宰　花空間プロデューサー

内田屋薫子さん

レッスンルームと LDK、
モダンなお住まいをゆったり使い、
フラワーアレンジとおもてなしの
レッスンしている内田屋さん。
日常を晴れの場に変える
おもてなしの提案は、
暮らしの愉しみ方を変えてくれます。

（インタヴューは 159 ページに掲載）

　ご主人の駐在にともなって滞在したアメリカでフラワーアレンジメントに出会い、帰国後はフランスの国家資格も取得。自宅サロンでレッスンを始めて10年になる内田屋さん。

　サロン併用住宅として新築したこのお住まいでは、おもてなしプランナーの友人とコラボして、季節のおもてなしレッスンも始めました。ＬＤＫのテー

パリで流行しているシャンペトル（田舎）風のアレンジ。グリーンをたっぷり使い、自然な佇まいに。

ブルを使った花と食が融合したレッスンは、「暮らしに役立つ」と好評です。

内田屋さんはもともと、家に人を招くことも、おもてなしのテーブルをしつらえることも大好き。フラワーアレンジだけでなく、もっとトータルな楽しみ方を提案したいという思いが、このおもてなしレッスンにつながったのだそうです。

リビングからダイニングキッチンを見たところ。シンプルな大空間は、開放感たっぷり。

1階にもうけたレッスンルーム。フラワーなど通常のレッスンはこちらでします。

玄関ホール。階段のデザインにはこだわりました。ドウダンツツジを絶やさず飾って。

内田屋さんご自身がプランニングしたお住まいは、1階にレッスンルームとレストルーム、2階からはスキップフロアになっていて、リビング、DKと続きます。おもてなしのレッスンには、1階と2階をゆったり使用。午後のレッスンの準備があるときも、フロアを分けることでうまくこなしているそう。

シンプルな空間の心地よさとともに、おおらかな開放感も感じるサロンです。

教えて！ 薫子先生

はじめてのサロンづくり Q&A

Q 生活感のあるものはどうしていますか？

A ダイニングキッチンにたっぷりの壁面収納をもうけ、基本は隠す

「インテリアをすっきりと見せるポイントは、凹凸をなくすこと。大きな壁面収納をつくり、ものはしまうようにしています」と内田屋さん。冷蔵庫も収納の中に入れ、扉で隠せるようにプランしてあります。

Q レストルームで気をつけることは？

A 清潔感が第一。レッスンに使う花を飾ります

I 階のレッスンルーム脇にあるレストルーム。グレイッシュな壁紙がアクセントになった、シンプルでエレガントな空間です。彩りを添えているのは、香りの小物と小さなフラワーアレンジ。レッスンに使う花材をここにも飾るようにしています。

レリーフ調の壁紙は光と影が織りなす模様が美しく、シンプルなのにおしゃれ。控えめなディスプレイで。

Q 玄関のクローク&生徒さんのバッグ置き場は？

A コートはコートハンガーへ。バッグはリビングのソファに置いてもらいます

広々とした玄関ホールには、オブジェのようなデザインコンシャスなコートハンガーを用意。ウエルカムドリンクをお出しするのがリビングなので、バッグはソファに置いていただくことが多いそうです。

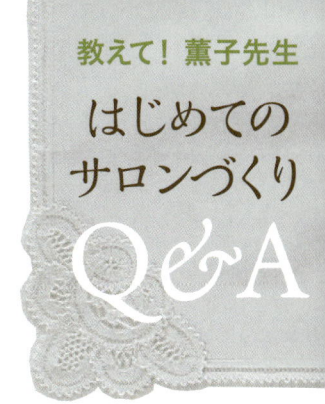

Q サロンを優雅に演出するアイテムは何ですか？

A 空間全体の心地よさを大事に。紅茶のブランドや容器にもこだわって

内田屋さんが心がけているのは、サロン全体を心地よい空間にすること。トータルなおもてなしをすることが、優雅さにつながると考えています。たとえばティータイムにお出しする紅茶も、銘柄や容器に気を配っているそう。

Q 収納はどうなっていますか？

A 使う場所の近くに収納スペースをとってすっきりと

要所要所に収納スペースが設けられている内田屋さんのお住まい。フラワーレッスンに使う資材は玄関ホールの収納に、おもてなしのセッティング用のフラワーベースはダイニングの壁面収納に。使う場所のそばに収納。

Q 開けて欲しくない場所はどうしていますか？

A どこを開けてもOKが基本のスタンス困るときはその場で伝える

「基本的にどこを開けてもOKなようにしています」という内田屋さん。ここはNGと言わずに済むというメリットも。唯一、資材置き場のドアは、間違って開けた人にその場で「そこは違います」と伝えています。

資材が入っている収納のドア。特別なサインをつけることもしていないので、たまに間違えて開けてしまう人もいるそうですが、そのときだけ声をかけています。

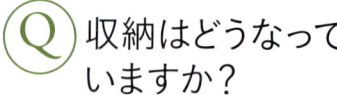

内田屋薫子先生の

Schedule《スケジュール》

お花のサロンは、仕入れから始まるため朝早いのが特徴。薫子先生の一日は？

フラワーレッスンもおもてなしのレッスンも、花材の仕入れが欠かせないため、内田屋さんのレッスンのスケジュールは、前日の仕入れからスタートします。朝4時半に起きて市場へ向かって仕入れ。その後、家族の送り出しや家事をこなし、9時からアシスタントとともに水揚げなどの準備をします。おもてなしのレッスンのときは、夕食後にセッティングまでを終わらせて準備は終了。

レッスン当日は9時にアシスタントが掃除を始め、内田屋さんは同時にデモンストレーションや紅茶の準備。午前は10時から、午後は13時からのレッスンを行って、15時30分にレッスンが終了。後片づけをします。夜はだいたい22時には就寝しているそうです。

LESSON GUIDE

パリスタイルのフラワーアレンジメントのレッスンは、フレッシュフラワーの「季節のアレンジメントクラス」「ディプロマコース」と「プリザーブドフラワー」おもてなしプランナー岡本珠子さんとコラボしている「スタイリッシュなおもてなしレッスン」は、季節ごとに募集しています。

- 6:00　起床
- 6:30　子どもの送り出し
- 8:00　家事
- 9:00　アシスタント到着⇒掃除
  レッスンの準備
- 10:00　レッスン開始
  午前のレッスン
- 12:00　レッスン終了
  片づけ&午後の準備
- 13:00　レッスン開始
  午後のレッスン
- 15:00　レッスン終了後
  片づけ
- 15:30　終了
  家事
  夕食
  家族の団らんなど
- 22:00　就寝

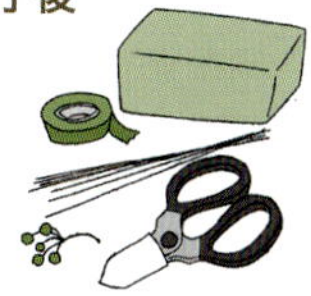

Q レッスンのない日は何をしていますか？

A **レッスン前日は準備、ほかの日は発注作業などを**

レッスン前日は花材の仕入れがあるため、午前中は水揚げなどの準備作業を。それ以外の日は、おもてなしレッスンに使う器やコーディネート用の雑貨を探したり、発注したりする業務をしています。

花材の水揚げ作業は前日に。おもてなしのアレンジは、前日の夕食後にテーブルにセット。

URL>>http://www.fleurs-de-saison.com/
Blog>>http://ameblo.jp/fleurs-de-saison

サロンオープンまでの流れ

タイムスケジュール
オープンまでのスケジュールを組む

↓

リサーチ
自分のやりたい分野についての情報収集

↓

コンセプトづくり
サロン主宰の目的、強みをはっきりとさせる

↓

（左）
サロンの環境づくり
スペースを整える、備品の購入

（右）
立ち上げ準備
ホームページ、名刺、教室案内制作

↓

サロン開設宣言
サロン名やコンセプトも発信

生徒募集開始
体験レッスン、見学会などの告知

↓

シミュレーション
レッスンの流れを想定し準備

↓

オープニングイベント
トライアルレッスン、オープニングセレモニー

↓

サロンスタート
レッスン開始

本書の構成について

本書は、右ページの「サロンオープンまでの流れ」に沿って
4 つのステップでサロンづくりのポイントを解説しています。
4 つのステップは、「四つ葉のクローバー」の 4 枚の葉のようなもの。
ピースを集めて、あなたご自身の「愛されるサロン」をつくりあげてください。

Step 4 Management では

サロンを長く続ける
運営の秘訣について
お伝えします

「サロンを始めることは簡単だけれど、長く続けることは難しい」と言われています。このステップでは、長くサロンを続けていくというマネジメントの視点で、愛されるサロンづくりの心構えをまとめました。

Step 1 Branding では

基盤となる
コンセプトづくりについて
お伝えます

サロンを始めようと思ったら、まず最初にすべきことはブランディングです。サロンの空間づくりも、ブログのオープンも、コンセプトが決まっていなければ、具体的なイメージづくりができません。まずはここからスタート。

Step 3 Launch では

具体的な
サロンオープンの方法について
お伝えします

ブログでコミュニケーションがとれるようになってきたら、サロンオープンに向けて具体的なレッスンの計画を始めましょう。このステップでは、ブログから集客するブリッジイベントの開催方法を詳しくご紹介しています。

Step 2 Promotion では

ブログをつかった
立ち上げ準備について
お伝えします

コンセプトが決まったら、サロンオープンに向けて発信＝プロモーションをしましょう。サロンのプロモーションは、ブログを使うのが一般的。このステップでは、ブログの立ち上げ方からアクセスアップ法まで、詳しく解説します。

CONTENTS

Step 2
Promotion —種をまく—
ブログでサロンを広め、ファンをつくる……63

Step 3 Launch ―芽をだす―

Step 1

Branding

~土壌をつくる~

サロンの立ち位置を決める

この章では、サロンを立ち上げる前にしておきたい準備、
ブランディングについて、お話していきます。
ブランディングは、サロンのポジション＝咲かせる土地を探す作業。
美しい花を咲かせるために、まず大切なことは、
しっかりと土壌づくりをすること。
これから咲き誇る花を思い浮かべながら、一歩を踏み出しましょう。

あなたが咲かせたいのは、どんな花？

まず、準備に入るまえに、一冊のノートを用意してください。そして、目を閉じリラックスして、自分自身にこんな問いかけをしてみましょう。

「私が咲かせたい花ってどんな花？」

あなたがつくりたいサロンのイメージを、まずは自由に描いてみるのです。

具体的な描き方としては、ノートの左ページに、自分の理想に近い先生やサロンのスタイルを書き出してみます。

このとき、ひとつに絞らなくても大丈夫。世の中には、いろいろなサロンがあって、さまざまなタイプの先生がいますよね。私も生徒だった時代が長いので、先生によってお教室のカラーがまったく違うことを痛感していました。

師弟関係の厳しい入門型、気軽でお友達感覚のサークル型、堅い実習や講義が中心のスクール型など、先生の数だけサロンのスタイルも存在します。まずは、頭に思い浮かんだサロンや先生をノートに書き出してみます。

そして**次に、〝憧れ分析〟をしていきましょう。**

「その先生のどの部分に惹かれるの?」、「サロンのスタイルは魅力的だけれど、私ならこうするかな」。具体的に考えながら、右ページに箇条書きに書いていきます。最後にすべてを重ねあわせて、**自分にとって理想的なサロン、憧れの先生像というものを作りあげ、あなたが理想とするサロンの完成イメージをまとめます。**

サロンが成功するか否かは、立ち上げの際に決まっていると言っても過言ではありません。

多くの人がつまずくポイントとして、どんな花を咲かせたいのか、自分でもイメージできずに、いきなり種まきを始めてしまうパターンがあります。

どんな花を育てるかによって、植える場所や水のやりかたも違ってきます。

また、春が来て花が咲き誇る景色を、頭の中にイメージできるかできないかによって、モチベーションだって変わってくるものです。

あなたがこれから咲かせる花は、誰かが咲かせた花の複製ではありません。自分らしさをプラスし、ワクワクした気持ちで、この花をイメージしてみてください。

それは、世界にたったひとつの花です。

何のために花を育てるの？　ブレない軸を持つ

次に、もうひとつ大切な質問を自分自身に問いかけてみてください。

「私は何のために、これから花を育てていくの？」

あなたがサロンを始める理由です。

自分がなぜサロンを始めたいのか、どんな人生を歩みたいのか、ゴールには何があるのかを確認しておくことは、とても大切なことなのです。

なぜなら、花を育て始めると、晴れの日ばかりが続くとは限らないからです。

雨の日も風の日も、時には嵐の日だってやってきます。そんなとき、何が目的なのか、どのような意義があるのかということを認識できていないと、花を咲かせる前に、育てることを断念してしまうことにもなりかねません。

そうならないためにも、サロンを始める意義や、こう在《あ》りたいという自分の姿を、つねにクリアに頭の中に描き、ブレない軸をしっかり持つことです。

この土壌づくり期に必要なことは、実はDoingよりBeing、やりかたを学ぶよりも在りかたを考えるほうが大切なのです。

そして、もうひとつ心にとめておいていただきたいことがあります。

花を咲かせるのは、決して自分のためだけではないということ。

あなたが花を咲かせ実らせることによって、他の誰かを喜ばせることもできるし、森全体が美しくなれば、もっと多くの人と幸せを分かち合うことができますよね。

そんな想いで花を育てていれば、きっと幸せの輪が広がり続けるでしょう。

種をまく場所＝空きポジションを探す

咲かせたい花がイメージできたら、次は種をまく場所を決めましょう。

たとえば、色とりどりの花が咲き誇る〈サロネーゼの森〉があるとします。

森の中には隅から隅まで、入り込む余地がないくらいたくさんのサロンや教室、アトリエがあって、どの先生も楽しそうに花を摘んでいるように見えませんか？

ここで敢えて言います。その風景はファイナルステージでしかありません。

それも、一人ひとりの先生たちが、想像もつかないほど気の遠くなるような時間と手間をかけて、丹念に育ててきた芽が結実したラストシーンなのです。

そう、森のどこかに、誰もが自由に花を摘みとることができる〈秘密の花園〉が広がっているわけではなく、森を埋め尽くしている花は、何年も、何か月もまえから、誰かが苦労して育ててきたものなのです。

もうお分かりですね。美しい花を咲かせるには、まず自分で土地を見つけて、土を耕し、種をまいて水を与えるというプロセスがどうしても必要なのです。

このプロセスを踏まないかぎり、どんなに良い種を手に入れたとしても、芽を出すことも、花を咲かせることもありません。

ここで**一番大切なことは、〝どの土地に種をまくか?〟ということ。**

広大な土地がありそうな〈サロネーゼの森〉ですが、ほとんどの場所は、すでに他の誰かのものになっています。

はたして、これからあなたが種をまく場所が残されているでしょうか?

まだ誰も足を踏み入れていない土地を探そうと思ったら、山の上のほうや谷の奥など、遠くて危険な場所しか残されていないかもしれません。そこまで行くには時間もかかり、リスクも大きくなります。

では、どうしたらよいでしょうか？

まずは、どんなに小さな土地でもいいので空きポジションを探してみてください。

〃そこにしか咲いていない花〃を咲かせれば、広い森の中でも、わざわざ遠くから摘みにきてくれるはず。

そんな空間があるかどうか、まず森の中全体を見渡してみましょう。

そこにしか咲かない花＝only1を目指す

いまや飽和状態のサロネーゼの森。土地を見つけることも、困難かもしれません。

たとえば、私がサロンを始めた頃は、ブログもホームページもありませんでしたが、〈紅茶教室〉という看板だけで生徒さんが集まりました。なぜなら、同じエリアに競合がなかったからです。

Only1《オンリーワン》の強みを探す方法

「自分に強みなんてあるのかしら？」

そう思っているかたも多いのではないでしょうか。

私のケースを少しお話すると、教室を始めた当初は、自分の強みが何なのか把握できていませんでした。それどころか、自分に強みなんてあるのかさえ正直分からなかったので、思い切って生徒さんに聞いてみることにしました。

当時の生徒さんの中心層は、サロンと同じ自由が丘エリアに暮らす、優雅なマダムたち。中には英国駐在や留学経験があるかたもたくさんいらしたのです。

「そんなかたがたが、なぜ未熟でキャリアも浅い私の教室を選び、通い続けてくれるのか…？」、率直に疑問に思っていたことを問いかけてみました。

すると、こたえの中にヒントがたくさんあったのです。

生徒さんたちは、「紅茶を極めてブレンダーになりたい」とか、「鑑定士になりたい」わけではなく、「素敵にティータイムを愉しみたい」、「マナーや英国流のお作法を知って暮らしを豊かにしたい」と考えるかたが多いということ。また、紅茶教室はあってもマナーまで教える先生は少ないこと、そこにニーズがあることが分かりました。

さらに、レッスンは単なる学びの場というだけではなく、共通の趣味や価値観を持つかたとの出会いの場というところにも、大きな意味を見出しているということを知ったのです。

そこで独自のポジションを、〈紅茶の知識にとどまらず、マナーやテーブルコーディネートも学べるサロン〉と決め、強みとして押し出すことにしました。同時にコンセプトを〈紅茶から広がる暮らしの愉しみかたのご提案〉とし、〈一杯の紅茶からHappinessを！〉というビジョンを掲げました。

教室ではなく、サロンというのを前面に出し始めたのもこの頃。サロンには、社交やコミュニティという意味もあるからです。

これによって、結果的に大手さんとは違う差別化＝ブランディングにつながっていきました。

エリアを広げ東京という枠で見ても、大手の教室がある程度。自宅開放型・サロン形式の紅茶教室というのはなく、その地点で〈Only1 マーケット〉でした。

それがいまや、同じエリアをざっと数えただけでも一〇軒以上の紅茶教室があります。もはや単なる看板だけでは、差別化できません。

あなたが始めようと思っている分野はいかがでしょうか？

ためしに、キーワード検索をかけてみてください。あまりの数に驚くことはありません。ヒット数がそのまま競合につながるわけではありませんし、そこには大きなマーケットが存在するという意味なのです。

ただ、その中で**自分のポジションを見つけるには、強みを絞り込み、なるべく競合が少ないニッチな土地を探していく**必要があります。

次に、検索上位にあがってくるサロンを、順番に細かく分析してみましょう。少しずつマーケットのニーズや空きポジションが浮かび上がってくるはずです。

この先も、お稽古サロンは増え続け、人口は減り続けていきます。どんな分野でも、自然と競争原理が働きますので、何かを特化させ、独自のカラーを出していく必要があります。このサロンでしか、この先生にしか習うことができない、**キラリと光る〈Only1 の強み〉**を探していきましょう。

サロンのブランディングとは

ブランディングというとむずかしく考えがちですが、はじめの一歩は強みを知ることです。**この、他にはないOnly1の強みのことを、マーケティング用語でUSP（Unique Selling Proposition）**といいます。

USPを発掘する一番簡単な方法は、まわりの人に聞くことです。

なぜなら、自分のことはよく理解しているつもりでも、案外気づきにくいこともありますし、どうしても主観で見てしまいがちですよね。けれど、**ブランドイメージというものは、あくまでも生徒さん側の目線＝客観で決まるもの**だからです。

たとえば、生徒さんはサロンを選ぶとき、いくつかの選択肢を見比べて、自分にとってよりメリットがあるサロンを探します。このとき、〈他のサロンとどこが違うのかという独自性〉が明確に浮かび上がってこないかぎり、選ばれることはありません。

ひとつを選ぶということは、他の多くを捨てるということ。だからこそ、**他との差別化ができる強力なUSPが必要**になってくるのです。

そこで、ヒアリング作業をして声を集めていきましょう。「私の強みって、どんなところ?」、「独自のアピールポイントって何?」。出来る限り多くの人にインタビューをして、その声に耳を傾けてみてください。他人は知っていて自分では気づかない強み、そこにサロン成功へのヒントが詰まっています。

「~といえば、○○先生」というイメージが確立すれば、ブランディング成功です。

先生と呼ばれるためには?

種をまく場所が決まったら、土壌づくりのステップに入ります。

良い土壌で育った花は元気に成長しますが、土づくりを怠《おこた》ると思うように育ってくれません。

サロン運営も同じ。表面だけの知識や技術でスタートさせてしまうと、はじめは勢いで乗り切れたとしても長くは続きません。趣味の時代には簡単に受け入れられていたことも、仕事となるとそうはいかないからです。生徒さんのほうからNOと言われてしまうのです。

人からお金をいただくということは、アマチュアがプロに転向するということ。

当然、プロとして要求されるレベルがあり、失敗は許されません。

特に女性の場合、素人には甘く、プロに厳しい部分があります。プロなのか、アマなのかという境界線にも鋭く反応します。

だからこそ、見切り発車的にサロンを始めるのではなく、まずは足元をしっかり固めておくことが大切。必要なスキルを見極め、先生と呼ばれるレベルに達するまで、時間もお金も投資を惜しまずにトライしてみてください。

〈一〇〇〇〇時間の法則〉を聞いたことがありませんか?

マルコム・グラッドウェル氏が提唱した法則ですが、どんな分野であってもプロフェッショナルと呼ばれる人は、その領域に到達するまでに一万時間を費やし、この時間と成果は比例関係にあると述べています。

そもそも、本当に好きなことでなければ、一万時間は続けられませんよね。

人間というのは、好きなことに情熱を傾けているときは、ワクワクした気持ちや充実感で満たされ、無心になれるもの。脳内からドーパミンと呼ばれる〈やる気物質〉が放出され、モチベーションが高まっている状態です。

そのエネルギーは、人や情報など、いろいろなものを引き寄せる力も持ちあわせています。たくさんの人に出会い、学び、吸収してください。先生という立場になってしまうと制限されてしまうことだって、この時期ならできるのです。

キレイな花を咲かせるためにも、まずは盤石な基盤をつくりましょう。

心のブレーキを取り除く

この時期に多いご相談が、「サロンを始めてみたいけれど、なかなか一歩が踏み出せなくて…」というもの。

技術や知識は十分、土壌づくりも完璧に仕上がっているように見えるのですが、何かが心にブレーキをかけてしまっているようです。

その何かというのは、**失敗したらどうしよう…という恐怖心からくるメンタルブロック。**心理的な抵抗感が無意識のうちに心の障壁となって自分自身でブレーキをかけてしまっているのです。

大丈夫、怖いと思っているのはあなただけではありません。

人は誰でも、新しいことにチャレンジしたい、変わりたいという気持ちがある一方で、失敗したくないという感情や、現状を維持しようという気持ちが働き、常にふたつの気持ちがぶつかり合っています。それは人間の本能からきているのです。

私の主宰するサロン開設講座では、**メンタルブロックを取り除くために、まずは一〇〇人のかたにトライアルを試みましょう**とお話しています。先生としての立場でなくてもいいので、とにかく経験値をふやしていくのです。

実際の事例をご紹介しますね。

将来、お料理教室を開くのが夢という生徒さんは、「石橋を叩いて渡るどころか、叩きすぎて壊してしまうタイプ」と自己分析するくらいの慎重派。フランス留学まで果たし、一万時間もゆうにクリアしているのに、まだ自信が持てないといいます。

そこで提案したのが、定期的にお友達をよび料理をふるまう〈おもてなし百人斬り〉です。実践を始め、ちょうど一〇〇人を超えた頃、自然とゲストのほうから、「いただくお料理がとても美味しいので、ぜひ教えて」と声がかかり、お友達を中心として念願だったクラスを立ち上げることになりました。

一方、その様子は成長記録として、日々ブログにアップしてもらいました。すると、読者さんの中からも、受講希望者が次々とあらわれ、わずか一年で一〇クラスを持つ人気サロンに成長したのです。

メンタルブロックの多くは、過去の経験や自分が培ってきた価値観からくるもの。このように、初めは小さな約束でもいいので自分に課題を課し、ひとつずつ達成していくことで自信が生まれ、積み重ねることで徐々にブロックは外れていきます。

せっかく種をまいても、そのうえに不要なモノが覆いかぶさっていたら、芽を出すことはできませんよね。いつかいつかと先送りしていると、本来あなたが持っている才能や魅力も、開花せずに終わってしまいます。

それは、とてももったいないこと。

心のブレーキを解き放し、輝く未来に向けてアクセルを踏み出してみましょう。

サロン運営は自分商品化マーケティング

サロン運営は、優れたスキルや専門知識さえあれば成功できるかというと、そうではありません。

専門知識のほかにも、マーケティングのスキルが必要になります。なぜなら、サロン運営は、自分で小さな会社をまわしていくことと同じ。商品のプロデュースからアフターサービスまで、すべて一人で行わなければならないからです。

大きな会社なら、企画部・広報部・営業部と、各部署に専門の担当者がいますよね。けれどサロンの場合は、すべて自分自身でこなすうえに、時にオフィス環境課や資材課、はたまたクレーム窓口まで担当しなければならないこともあります。

だからといって、起業家さん向けのビジネスセミナーに参加したり、自営業のかたが読むようなビジネス書を読んだりすると、何となく違和感がありませんか？

その理由は、売るものが〈モノ〉ではなく、〈あなた自身〉だからです。

サロンは先生業、モノは売れなければ値下げすることができますが、自分の商品価値は下げたくはありませんよね。

そして、売る対象が女性であるということも大きな理由。男性と女性では考えかたや感じかた、ものの捉えかたなど、さまざまな違いがあるものです。男性視点のビジネスノウハウが通用しないのもある意味当然のこと。

人気サロンを育てたいと思ったら、この男女の違いを理解したうえで、女性の心をつかむマーケティングを意識していきましょう。

資格は成功へのプラチナチケット？

次に多いご相談が、「資格を取ったほうがいいのでしょうか？」というもの。

お稽古事には資格がつきものというイメージが強いせいでしょうか、私も初対面のかたから「先生は、どのような資格をお持ちなのですか？」と聞かれることもあります。

実際には、**自宅サロンや教室を開くために必ずしも資格が必要ではありません。**

そもそも資格とは、どのような位置づけなのでしょうか？

ひとくちに資格といっても、さまざまな種類があります。

大きくわけると、国家資格、公的資格、そして民間資格の三種類。法に基づいて信頼性が保証される国家資格や公的資格は、立派な肩書となります。

一方、最近はいろいろな団体や先生が協会を設立し、資格認定を行う制度も増えています。

このような民間資格の場合、社会的な評価もさまざま。時間とお金をかけて取得した資格でも、それがどれほどの価値を持つのか、生徒さんには伝わりにくいこともあります。

もちろん、資格そのものが一定のスキルや能力を保証する場合は、サロン立ち上げの際にも立派な看板となり、大きなメリットになります。

それと同時に、同じ資格を持つ人が大勢出まわり、競合ばかりが増えていくケースや、資格を取得し協会や組織に所属した結果、規制を受けたり、活動の幅を狭めることになってしまうケースもあるようです。

そして、気をつけなければならないのは、「資格さえ取得すれば、サロンを開くことができる。先生になれる」という思い込み。たとえ資格を取ったとしても、サロン開設の手ほどきや運営のノウハウまでを、手取り足取り教えてくれるわけではありませんよね。

成功へのプラチナチケットは、人から与えられるものではなく、自分の手でつかむもの。**資格はあくまでも、自分に自信をつけるためのひとつの手段**と考え、知識や経験を積み上げていってくださいね。

資格のもうひとつの落とし穴

資格には、もうひとつ落とし穴があります。それが、〈資格コレクター〉です。
初めは、スキルを身につけるために資格取得を目指していたはずなのに、いつの間にか目的が変わり、資格を取ることじたいが趣味のような状態になってしまう…。あなたのまわりにもいませんか？

資格というのは、スタートとゴールがはっきりとしているうえ、終えたときの達成感というご褒美がついてくるため、やみつきになってしまう女性も多いようです。けれど、資格取得がゴールになってしまっては主客転倒、軸もブレてしまいます。

また、同じ分野のお稽古で、いくつもの教室やサロンの資格を持つ〈資格ホルダー〉のかたも珍しくありません。

たとえば、カルトナージュ※を習っていて、A先生、B先生、そしてC先生にも師事をして、認定資格までいただくというケース。
「同じカルトナージュでも、先生によって作品のテイストや細かな技術が違うので、いろいろな先生について学んでみたい！」。学ぶ側は前向きな行動なのですが、先生

※厚紙などで組み立てた箱などに、紙や布を貼りつけたフランスの手工芸品。

側からすると、そこは大切な財産。特にクラフトの分野では、小さな花びら一枚の描き方が訴訟にまで発展することもありますので、慎重な判断が必要です。

中には、「すでに資格をお持ちのかたや、他の協会に属しているかたはお断り」という先生もいますので、掛け持ちをする場合は、事前にご相談を。隠すつもりはなくても、あとから発覚すると、お互い気持ちの良いものではありませんよね。

そして、独立してサロンを開くときには、お世話になった先生がたに、きちんとご挨拶をするのがマナーです。

夢を叶えるセオリー

土壌が固まったら、次はいよいよ種まきの準備です。

ここで、もうひとつエクササイズをしてみましょう。

ノートを用意して目を閉じ、**頭の中で理想の自分像をイメージ**してみてください。

そして、左ページにこう在りたいと願う自分の姿を書き出します。

次に、理想のあなたと現在の姿を天秤にかけてみましょう…、釣り合っていますか？

恐らく、イコールというかたは少ないですよね。私もまったく釣り合っていません。

ここでいう理想像というのは夢。そして、現状の自分との差が目標になります。

夢と目標、似ているようなこのふたつの言葉ですが、意味は大きく違います。夢は遠くにあって「描く」もの、目標はもう少し近いところにあり「掲げる」ものです。

そこで、夢を引き寄せるために、夢を目標に置き換えていきます。今の自分とのギャップを埋めていくための道のりを段階的に考えていくのです。

たとえば、

「一〇年後にはお料理サロンを成功させて、レシピ本を出版したい！」

という目標を掲げるとします。その目標をクリアするために、

「五年後＝生徒さんが一〇〇人規模のサロンに成長させて、雑誌の取材やコラム連載の仕事をする」

「三年後＝自宅サロンだけではなく、コラボレッスンや外部講師をして、仕事の幅を広げる」

「一年後＝自宅サロンをスタートさせ、三〇人五クラスを持つ」

という感じで、**逆算法で時間軸を使い、具体的な数値まで落としこみます。**

このワークで自分がとるべきアクションがはっきりと見えてきますので、そこから目標を達成するための具体的なToDoリストを作成します。

一年後の目標を達成するために、

「半年間でブログ読者を三〇〇名に増やす、そのために一日一回記事を更新する」

「〇月までに食品衛生責任者の資格をとる」

など、**期限をつけながら細かく設定し、実行に移していくのです。**

さらに、私の場合は毎朝必ずこのToDoリストを確認しながら、一日の日課をスケジューリングしています。

そして、もうひとつ。

こう在りたいという自分の姿は、どんな時でもできるだけ具体的にイメージするようにして、なおかつ紙に書くということを習慣化してみてください。

なぜなら、人間は忘れやすい生きものだからです。心理学者エビングハウスによると、人は一時間後に五六％を忘れ、一日経つと七四％を忘れてしまうというデータがあります。心に決めたことでも、時間の経過とともに冷めていってしまうのです。

そのうえ人間の記憶というのは曖昧で、思っていただけでは、さほど重要なことは脳が認識しません。紙に書いてアウトプットするという作業を繰り返すことによって、それが大切なことだという認識を潜在意識に浸透させることができ、実現性を高めてくれます。

一度設定した目標も、途中で軌道修正したり、再構築することも大切。**日々習慣化して、自分との小さな約束を守り続けていくことが、夢へ近づく一歩**となります。

誰にでも、〈はじめの一歩〉がある

どの先生にも、はじめの一歩がありました。

どんなに高い山に登るのも、一歩一歩の積み重ねです。

誰だって最初から自信があったわけではなく、ゼロからスタートし、時には立ち止まりながらも、あきらめず一歩ずつのぼっていくことによって、徐々に小さな自信が芽生え、それを積み重ねているだけです。

私にとっても、はじめてのレッスン、はじめての生徒さんというのは思い出深いもので、今でもその時の光景をはっきりと思い出すことができます。

先生の数だけ〈はじめの一歩ストーリー〉だってあるのです。

みなさんも経験として知っていると思いますが、一段目の階段をのぼる時というのは、大変なエネルギーを使うもの。けれど、二段目、三段目とすすむにつれて、だんだんと楽に感じていきますよね。

まずは、次のフィールドへ向けて、自分の足で歩み出しましょう。

Step 2

Promotion

～種をまく～

ブログでサロンを広め、ファンをつくる

土地を見つけて土壌を耕したら、次は種まきの作業に入ります。
ここでいう種というのは、ステップ１で絞り込んだ自分の強みやビジョンのこと。
まくというのは、それを広めていくこと＝プロモーションです。
芽を出すためには、種まきが必要。
芽はどこから出てくるのかわかりません。そのためにも、
この種まき期に、できるかぎり広い範囲に種をまいておきましょう。

サロン成功の鍵は〈伝達力〉

この種まき期に一番必要なスキル、それは〈伝達力〉です。

どんなに魅力的なサロンの構想があっても、どんなに人と違う強みを発掘したとしても、誰かが拾い上げてくれるわけではありません。発掘する作業もあなたなら、それを広めていくのもあなた自身。そのために、より多くの人に届ける「手段」、そして「伝える力」が必要になってきます。


結論からお話すると、**サロン立ち上げの成功と失敗をわけるのは、生徒さんが集まるかどうかにかかっています。そして、安定したサロン運営を続けるには、生徒さんが自然に集まるしくみづくりができているかどうか**ということに尽きます。


私が教室を始めたとき、一番苦労したことが生徒さんを集めることでした。

「サロン開始時に告知をすれば、数人くらいは集まるわよね…」

そんな思いこそが、スタート直後につまずいてしまった大きな原因でした。

生徒さんが集まらないという心理的ストレスは想像以上の負担となり、自信をなくし、自己否定感まで引き起こし、悪循環のスパイラルに陥ってしまったのです。

スムーズにサロンを立ち上げるためには、この種まき期のうちに、できるだけ多く、共感してくれる人、応援してくれる人を見つけておくこと、そして不安要素を取り除いておくことが大切。

オープンの段階で、生徒さん候補になってくれる人が一人でも多いほうが、物理的なリスクや心理的な負担がグッと軽減されます。

だからこそ、ステップ１で絞り込んだ強みが、誰にどのようなメリットを与えることができるのかを思索し、リアルでもネットでも、自分の想いを相手に届けるプレゼンテーションスキルや、ビジョンをわかりやすく伝える文章力を身につけておくことが鍵となります。

この種まきの作業に早すぎるということはありません。具体的なオープンが決まっていなくても、土壌が固まったと思った時点で、始めてくださいね。

まずはブログで情報発信

では、実際に何から始めたらいいのでしょうか？

はじめに行うべきアクションは情報発信、あなたという存在を一人でも多くの人に知ってもらうことです。

伝達手段はオフライン、オンライン含めて多種多様のツールが存在しますが、残念ながら**これさえやっておけば完璧という魔法のツールはありません。**自分の性格やサロンの特徴にあわせて、いくつかをミックスさせて使っていくのがベスト。

特にオンライン上の手段に関しては、あれこれ手を出し中途半端にならないように、**はじめに中核となるメディアをひとつ決めましょう。**

私自身、アナログ時代を含め、さまざまな方法を試みてきましたが、**現時点では、ブログがサロン運営に最適なメディア**だと感じています。

ブログはツイッターやフェイスブックなどのフロー型メディアと違い、記事がストックされていくため、継続することによってコンテンツとしての価値が蓄積されていきます。また、コミュニケーション機能が充実していて、コミュニティづくりにも適しています。何より、**ブランディングから生徒募集まで、一括してサロン運営を行えることは、最大の魅力**です。

さらに最近は、ブログが元となって出版したという先生も何人もいますよね。

機能は運営会社によって違いますし、ブログの商業利用を禁止している会社もあります。記載記事についての権利が運営会社にある場合、書籍化する際に問題になるケースもあるので、レシピや技法を載せる場合などは特に要注意。利用する際には必ず規約に目を通しておきましょう。

ブログはいつから始める？

ブログはサロンオープンの目途がついてから…そう思っていませんか？

もし、サロンを開いてみたいという気持ちが少しでもあれば、その時期がいつであれ、**なるべく早い段階でブログを始める**ことをおすすめします。なぜなら、ブログを育てるには時間がかかるからです。もしも、思い立ってブログを開設し、「今日から◯◯教室を始めます！　生徒募集します！」と書き込んでみたとしても、恐らく何の反応もありません。あまりの無反応ぶりに、「もしかしたら、うちのパソコンだけ、世の中とつながっていないのかも……」と本気で考え、電源を抜いたり挿したり。そんな悲しい経験が私にもあります。

まずは情報を発信して、存在をアピールすることから始めましょう。

単純接触効果という言葉を聞いたことはありませんか？

アメリカの心理学者、ロバート・ザイアンス氏が提唱した、**人は接触した回数に比例して、好意的な感情を抱くようになるという「ザイアンスの法則」**です。

読者は、あなたのブログを繰り返し目にしたり、メッセージやコメント欄で接する回数が増えるほど親しみを感じます。自己開示によって親近感も増していきます。

さらに、**相手の人間的側面を知ったとき、より強く好意を持つ**ようになるのです。

特に女性の場合、相手の弱みや秘密を打ち明けられると、垣根がとれて距離感がぐっと近づいた…という経験が誰しもありますよね。いつの間にか連帯感がうまれ、

「大丈夫、私も一緒。頑張ろう！」と、応援する側にまわっていることもあります。人は、**一生懸命何かに取り組む姿に共感**します。サロン立ち上げまでの、失敗もふくめて成長していく〝リアルなビフォーアフターのストーリー〟を見ていると、心を動かされ、応援したくなるもの。そんな人は、必ず将来支えになってくれます。**ありのままの成長記録でいい**のです。今日からでもトライしてみてください。

ブログを失敗させないために大切な二つのこと

ブログと日記、一番の違いは何でしょうか？

それは、**読み手が存在する**ということです。

ブログを書く＝情報を発信する側にまわるということ。そこには必ず受ける側の「読者」が存在します。その読み手の存在を意識しないと、自己陶酔型の単なる日記と変わりなくなってしまい、結果的に誰にも届かないブログになってしまいます。

気がつくとウェイティング200名

ブログってすごい！

その効果を実感したのは、ブログ開設後、はじめてのブログをスタートして、初の1 Dayレッスンを開催したときのこと。

イベントの告知をアップして1分も経たないうちに、申し込みが1件、また1件……なんと、その日のうちに3日間のレッスンすべてが定員となってしまったのです。それまで、3日間のレッスンを満席にするには、1週間かかっていました。

ブログって自然と人が集まってくるんだ…、そのスピード感にまず驚きました。

そして、それ以上に驚いたのは、生徒さんの雰囲気が今までとまるで違うこと。

1 Dayレッスンは、初参加のビジターさんが多いのですが、ブログ経由のかたは、日本全国から飛行機や新幹線で参加してくださるかたも多くいたのです。しかも、初対面とは思えないほどの盛り上がり。聞くと、告知を見てすぐにコミュニティの仲間で連絡を取り合い、お申し込みくださったとのこと。

「実際に会うのは初めてですが、毎日のようにブログを通してお話しているので、私たちも初めて会う気がしないのです」

言われてみると、みな雰囲気も似ています。

クリックひとつで気軽にアクセスでき、自分と共通の趣味やテイストの仲間を増やし、コミュニティが生まれる。さらに、交流によって口コミや共感がうまれやすい。ブログの魅力や可能性を再発見した出来事でした。

それからというもの、ブログに記事をアップすると、必ずレッスンのお申し込みが入るようになったのですが、既存のご紹介でのつながりを優先し、空きがでるまでお待ちいただくことにしました。

その間にもウェイティングリストは日に日に増え続け、50人、100人…、気がつくと200名以上のかたがレッスンを待っているという状況になっていたのです。

さらに、当時はまだブログをしているサロンの先生は珍しく、ブログからメディアの取材依頼を受け、掲載された記事を見たかたがブログにアクセスするという相乗効果がうまれました。

ブログの開設は、私にとっても大きなターニングポイントとなっています。

ここでは、ブログを始める前に決めておきたい二つの鍵をお話ししますね。

◉立ち位置を変える

普段、私たちは情報を受ける側にいます。新聞、雑誌、TV、ラジオ、といったマスメディアが作り上げた情報を、受信「IN」する側です。

それが、ブログというパーソナルメディアを持つことによって、情報を発信「OUT」する側にまわります。自分が伝えたい情報を、好きなときに、いくらでも発信することができるのです。

そして、**編集長はあなた**です。編集長だけではなく、ライターも、カメラマンも、そして情報ソースもあなた自身。**情報満載のパーソナルスタイルマガジン**です。

だからといって、あなたが今日どこへ行ったのか、何を食べたのかを知りたい読者は、果たしてどのくらいいるでしょう？

情報を発信するときには、立ち位置を変え、つねに画面の向こう側にいる読み手側の視点を意識し、「これは読者が知りたい情報？」、「読者にとってメリットがある？」と、問いかけながら、自分が書きたい情報よりも、相手が知りたい情報を書くように心がけてみましょう。

◉たった一人の顔を思い浮かべる

では、読み手を意識するには、どうしたらよいのでしょうか？

読み手といわれても、不特定多数の人をイメージしてしまうと、なかなかリアリティが湧いてこないもの。そこで**一番有効な方法は、たった一人の人をイメージしてメッセージを書く**ことです。

たとえば、ラブレターを思い浮かべてみてください。一人の人を想いながら書いた文章と、名前を入れ替えただけの文章、受け取る側は、それがどちらなのか瞬時にお見通しですよね？

文例集をお手本にして書いた手紙が心に響かない理由も同じ。**たくさんの人にむけて発信するメッセージは、言葉が刺さってこない**のです。自分には関係ないこととスルーされてしまいます。

だからこそ、まず誰に向けてメッセージを送るのかを考え、そのたった**一人の人を具体的**に思い描いてみましょう。年齢、性別、職業、家族構成から、住んでいるエリアやライフスタイル、趣味や嗜好《しこう》まで、**現実に存在しているかのように想定し、その人と対話しながら、文章を書いていきます。**

「どんな悩みがあるの？」「必要なことは何？」「将来どうなっていきたい？」、

悩みを解決したり、願望を叶えるためにメッセージを届けるのです。

これは、私が前職のソニーで商品企画の際に行っていたマーケティング法からきています。

私は、ウォークマンという商品を担当していたのですが、新しい商品を開発する際、まずはじめに行っていたのが、〈エンドユーザーの顔づくり〉です。

たとえば、二〇代女性という属性だけではなく、二七歳独身のショップ店員さん、ひとり暮らしで通勤時間は電車で五〇分、好きな音楽のジャンルは…と、より具体的な顔をイメージしながらリアリティを持たせていきます。「こんな人にこの商品を届けたい！」というターゲット像です。

そこまで細かく絞っちゃうの？と思いますよね。

ターゲットを絞り込むことは、一見リスクが伴うように見えますが、誰もがすべて満足する商品を作ろうとすると、結局誰のニーズも満たすことができず、結果的に顧客満足度は下がってしまうのです。

〝多くの人〟に売れる商品を作るのではなく、〝たった一人の人〟が商品を手にしたときのドキドキ感やワクワク感をイメージしながら作りあげていくわけです。

そして、広告やサービス部門とも情報をシェアしながら、一貫性を持たせ伝えていきます。ターゲットを絞ることでメッセージがより明確に届けやすくなり、最終的には枠を越えて、多くの人に広がるという流れができるのです。

立ち位置は変わりましたが、想いやパッションはまったく同じ。

いま、こうして本を書いているときにも、この本を手にしてくださった〝あなた〟と対話しながら書き進めています。ブログを書くときも同じこと。〝たった一人の人〟をイメージしながらメッセージを送り届けてみてください。

ブログの三秒ルール、読まれるかは一瞬で決まる

「出会って七秒でその人の印象が決まる」という話を聞いたことがありませんか？

この説はブログ界にも存在しますが、数字は三秒と更に短くなるのが特徴。

訪問者はアクセスしてわずか三秒の間に、コンテンツを読み進めるか否かを判断しています。

しかも、男性より女性のほうがその感度が鋭く、クリックしたその瞬間に、「好き？嫌い？」を直感で感じとるといわれています。

では、三秒で読者の心をキャッチして、興味を持ってもらうには、どのような点に気を配ればよいのでしょう？　読者の視点に立って一緒に考えてみてください。

まず大切なのは、ファーストビューで飛び込んでくるヘッダー部分。ここで目を留めてもらえないかぎり、まず下にスクロールされることはありません。

女性は特に、ビジュアル的な視点でとらえていますので、文字情報だけではなく、写真やイラストを使って視覚で伝える要素を散りばめておきます。

テンプレート集から選ぶ場合も、自分の雰囲気にあったものをセレクトしますが、誰かとバッティングしがちですよね。同じデザインを選ぶということは、趣味が似ている同士ということ、余計に差別化しにくくなります。

ブログの顔ともいえるヘッダーは、できればオリジナルがベスト。

フォトショップなどのソフトがあれば、自分で作ることも可能ですし、ヘッダーだけなら低予算で作成できますので、プロに依頼してみるのもひとつです。

ブログタイトルは、印象的にリズム感よく

次に目にするのが、ブログのタイトル。

書店に並ぶ何万冊という本をイメージしてください。手に取ってみるかを判断するのは、まず背表紙に書かれたタイトルなのではないでしょうか。

本の売り上げもタイトルによって大きく変わりますので、限られた文字数の中に、さまざまなメッセージを送り込んでいます。ブログも同じ、魅力的なタイトルを考えてみてください。

まず、目にした瞬間にインパクトがあり、興味のあるキーワードが入っていれば、読み進めてくれる確率も高くなるはず。何のサロンなのかはもちろん、それが読み手にどのようなメリットをもたらすのか伝わることが必要です。

エッジのきいたタイトルは、一度目にしただけで記憶に残ります。

繰り返しヒットすることで、「あ、またこの人!」とインプットされていきます。

逆に、インパクト重視で凝りすぎたタイトルをつけてしまい、さっぱり伝わらないということもあります。あくまでも見る側の目線をお忘れなく。

ポイントは〈リズム感〉。日本語は特に、俳句や川柳にも使われる五や七といった語呂のテンポがピタッと合うようです。

完成したタイトルは声に出して読んでみてください。耳に心地よく響きますか？「うん、リズム感バッチリ！」と思ったら、次は実際に文字としてブログのタイトル枠に当てはめてみます。見た目の文字バランスはいかがですか？

日本語の場合は、漢字、カタカナ、ひらがな、何を使うかによって印象が変わります。同じ単語でも、「素敵！」と「ステキ！」では微妙に印象が異なりますし、選ぶフォントでも違いが出るので、視覚の印象もチェックします。

タイトルの下に表記されるタグラインは、いうなればサブタイトルです。ブログの内容をより理解してもらうための、リード文としての意味もありますので、タイトルと連動させて上手く使うことができれば効果的。タイトルは文字数の制限がありますので、そこで伝えきれなかったフレーズを入れていきます。

たとえば、「パリでコーディネーター修行中」「一年後、カルトナージュサロンを開くのが夢」など、自分の夢や目標をダイレクトに落としこむのも、ひとつのアピール。見守っていこうというサポーター心理にもなりやすいものです。

あなたを何倍にも輝かせるプロフィール

「このブログ、どんな人が書いているの？」

興味を持ってくれたら、次にアクセスするのがプロフィールです。それなのに、何故かあまり重要性を認識していない人が多いのも事実。

そもそもプロフィールってどんな役割なのでしょうか？

たとえばみなさん、この本を手にしたときの行動を思い出してみてください。

まず、タイトルを目にしたあと、多くのかたは著者プロフィールを確認されたのではないでしょうか。**「何が」書かれているかと同じくらい、「誰が」書いているのかというのは大切なこと**なのです。

ブログも同じ。プロフィールは、初めて接するかたがあなたの信頼度を測るものさし。ブランディングとして重要ですので、念入りに作っていきましょう。

プロフィールには、元々〈横顔〉という意味があります。

見渡してみると、出身校から、取得資格まで、淡々と並べる履歴書型。生い立ちから現在までを時系列で一気に書く劇場型。そして、何も記入していない人まで、個性さまざまな横顔が並びます。

読み手が知りたいのは、形式的な顔ではなく、人となりがわかる素顔です。

何から書いていいのか分からないというかたは、**まずは〈現在・過去・未来〉の順番に書き出してみる**のがおすすめです。

まず、現在。

あなたがどんな立ち位置なのかを説明する、正面から見た素顔の情報です。

女性は自分と共通項を見つけると親近感を持ちやすくなります。

たとえば、まったく知らない人でも、生年月日が同じと知ると、他人のようには思えないものです。同じように星座・血液型・出身地などは、単に同じというだけで何となく親しみを感じ、断片的な情報からイメージも膨らんでいきます。

パーソナル情報は多ければ多いほど共通項が見つけやすくなりますので、プライバシーを考慮したうえで、積極的に公開していきましょう。

次に過去。

こんな一面もありますよという、あなたの横顔です。

ここには、**信頼度がアップする情報**を入れます。取得した資格、コンテストなどの受賞歴、前職のことやサロンを始めた時期、海外駐在経験、雑誌に掲載された実績なども、信用につながりブランディングとなります。

このとき、実績にリアリティを持たせるのが数字。長々と文章で説明するよりも、**具体的な数字を示したほうが、説得力が増し、強いアピール**になります。

そして未来。

あなたのもう一方の横顔です。

ここでは、**これからこんなことをしていきたいという夢やパッション**を語りましょう。なぜサロンを始めたのか？　それによって誰の役に立ちたいのか？　想いは共感を呼び、人を動かす力があります。

実は、この**「未来」というメッセージ**を語るか語らないかで、プロフィールの存在意義が大きく変わります。

履歴や受賞歴がズラリと並んだプロフィールは、インパクトはありますが、心は動きません。**人はストーリーを読みたい**のです。

あなたが一番キレイに輝く横顔で、〝魅せるプロフィール〟を作ってみてください。

ブログの目的は出会い、つながり、深めること

「ブログを始めるときには、目的を明確にしましょう」

よく言われることですよね。ここで、一度ゴールを確かめておきましょう。

あなたは何のためにブログを書くのですか？

この質問に対して多くのかたが、「生徒さんを集めるためです」という返事をします。

たとえば、「一人でも多く集客することが目的！」と思っている先生のブログからは、端々にアピールを感じさせるオーラが出ています。売り込みが強すぎると読み手には警戒心が芽生えます。

特にサロンの場合、商品はあなた自身、しかも先生というポジションを考えると、**自分から売り込むのではなく、生徒さんが自然と集まってくるというのが理想的**ではないでしょうか。

ちょっと視点を変えて、このように考えてみてください。

ブログにまつわる〈3つの壁〉

サロンを始める前は、心配事もたくさん出てくるもの。

特に、ネット上に〈実名・顔写真・アドレス〉を掲載することに抵抗感があるという人も多いのでは？　けれど、どれも公開したほうがベターとお話しています。

まず名前ですが、これからブランディングをしていこうと思うのなら、名前を載せることが第一歩となります。

人は不確かなものに対して本能的に警戒心を抱くもの。「名前は明かせないけれど、私を信頼して会いにきてね、私のこと先生と呼んでね」と言われたら、何か公開できない理由があるのかと考える人もいます。

実名である必要はありません。通称や旧姓を使う先生もいれば、当て字にしているかたもいて、これもブランディングのひとつとなります。

同じように、顔写真もあったほうが信頼度は高まります。見た人に雰囲気が伝わりやすく、視覚から得た情報は、印象も強く残り記憶にも刻まれやすいのです。

「顔写真公開は絶対にNG」というかたも多いですが、キャリアを積みステージが上がっていくと、必ずどこかでプロフィール写真を求められるようになります。

もしあなたが将来的に自宅サロンだけではなく、広く活躍の場を広げようと思っているなら、プロフィール写真をご用意しておくことをおすすめします。

最後に連絡先のアドレス。もちろん自宅サロンだからといって、地図や住所まで載せる必要はありません。

私の場合は最寄駅を記載し、「自宅サロンのため、詳細はお申し込み後お知らせします」と明記、ご参加が確定したあとに地図を郵送するようにしています。

ただし、連絡先のメールアドレスに関しては正確に明記しましょう。レッスンの申し込みから取材や仕事の依頼まで、連絡はメールでくることがほとんどです。私の場合、プライベート用とサロン用に分け、ワンクリックでメールフォームが出てくるようにしています。

プロフィールは、ネットとリアルをつなぐ接点です。ある意味、〈覚悟〉が問われています。

あなたのプロフィール、本気度が伝わっていますか？

ブログは出会いの場。自分を知ってもらい、つながりを深める場と位置づけます。

時間をかけて距離を近づけ、深度を深めていけば、信頼関係がうまれます。この関係性ができあがっていれば、無理に売り込まなくても、生徒さんのほうから会いに来てくれるようになります。

ブログというと、どうしても読者を増やす方法やアクセスアップ法などのノウハウに目がいきがちなのですが、そのようなテクニックで集めた読者さんとは、浅い関係しか築くことはできません。

やみくもに人数を増やせばいいというものではなく、量より質、**大切なのはつながりの深さ**です。

ブログはコツコツ育てると心得る

ブログを育て、信頼関係を結ぶには、時間がかかります。深度を深めるには、コツコツ継続して接点を増やしていくこと。そのためには、記事に読み手が喜ぶような「ギフト」を散りばめておくことです。

「記事が役に立った」、「読んで元気が出た」、「キレイな写真にときめいた」など、小さな楽しみでもいいのです。**訪問してくれた人に、何かしらのギフトを持ち帰ってもらう**ようにすると、また来てみようかな…、という気持ちになります。

読み手の興味や関心がありそうな情報は何かを考え、単にアウトプットをするのではなく、必ず、独自のフィルターを通してから届けるようにします。

女性の場合、文字よりも視覚からアプローチしたほうが、メッセージが届きやすいもの。いまや写真はキレイであたりまえというのがブログの世界。カメラ技術を学んだり、スタイリングの知識を身につけることも必須科目となりつつあります。

時には、専門分野の話ばかりではなく、プライベートの話題も語ってみましょう。等身大の姿を知ることによって距離がぐっと縮まります。

親近感を感じてもらうには、人間的な愛着を感じるような一面を見せること。家族の話、休暇の過ごしかた、インテリア、ファッションまで、いろいろなパーソナル情報も発信してみてください。

ただし、ここでも常に読み手を意識して。プライベートもキラキラ輝く完璧なキャラクターを演出してしまうと、女性には逆効果。自分の失敗談や恥をかいた経験など、**弱い部分も開示したほうが、心を開いてくれていると感じ、親しみを覚える**ものです。

その**親近感を信頼感に変えるのが共感。**

ブログから伝わってくる価値観や誠意、ものの考え方に共感すると、やがて信頼感へとつながっていきます。

この先生に会ってみたい！　この先生に習ってみたい！と思ってもらえるような、魅力あるブログを育てる…、種まき期の大切な仕事です。

もっと、つながりを深めるには？

つながりを深めるのが、ブログでのコミュニケーションです。一方通行ではなく、興味を持ったお互いどうしでやりとりができるのがブログのメリットでもありますので、積極的に交流しましょう。

たとえば、**記事下にあるコメント欄。たまにこの欄をクローズにしているかたがいますが、オープンにしておくことがおすすめ**です。

いちいち返事を書くのは面倒と考えるかた、またスパムの問題やネガティブな書きこみなど確かにリスクもあるのですが、リスクを上回るメリットがあります。

コメント欄のメリットとは、距離がグッと近づくということ。コメントするほうも率直な意見や感想を出しやすく、お返事するほうもリラックスした感じで書くため、人間性を知ることができるからでしょうか、意外とチェックしているかたも多いのです。

また、時には参加型の記事を書き、みなさんに呼びかけをしてみると盛り上がります。

たとえば私の場合、書籍の発売前に、「表紙の写真、どちらがいいと思いますか～？」とブログで問いかけてみることもあります。

するとコメント欄に、「絶対Ａ案がいい」、「いえいえＢ案も捨てがたい」などの反応があり、マーケティングの参考になりますし、読者のかたも本作りに少し参加した気分になり、プロセスを一緒に楽しむことができます。

また、発売後に書店でキャンペーンを行う際には、「誰かＰＯＰを作ってくれるかた、いませんか～？」と呼びかけてみたところ、その日のうちに、アイディアスケッチを送ってきてくれたり、中には実際に可愛いＰＯＰを作って、届けてくださるかたもいました。

同じ体験を共有していくことによって、連帯感も芽生えます。**自分も参加しているのだというつながりは、関係性をより深めてくれます。**

アクセスを増やす3つのポイント

ブログに関して一番多いご相談が「アクセスが増えなくて…」という悩みごと。

アクセスアップが目的ではないとわかっていても、頑張って書いているのに反応が少ないと、モチベーションも下がってきてしまいますよね。

アクセスに関しての具体的な数字ですが、サロンの運営を考えると1日500アクセスは欲しいところ。毎日500人くらいのかたが訪問してくれるようになると、6名程度の1Dayレッスンがブログの告知だけで埋まるようになります。スタート時は、この数字を目標にしてみてください。

私メディアと呼ぶには1000アクセスが目安です。安定して1000人の人が訪れるブログになると、定期的にレッスンへのお申し込みが入るような流れができます。20名規模のイベントやセミナーが埋まるようになるのもこのラインです。

では、アクセスをアップするには、どうしたらいいでしょうか？

ここでは、更新頻度、時間、読者登録の3つのポイントをお話します。

■ 更新頻度

理想は毎日アップすること。特に始めて3か月程度は毎日更新し、100記事ストックを目指しましょう。人は初めて目にするもの、初対面の人に対して心理的な壁がありますが、接触を重ねるうちに壁がだんだん低くなるからです。

毎日は無理という場合は、不定期にアップするよりも毎週○曜日と△曜日、○日と△日など、ルールを決めて更新するとベターです。

■ 更新時間

記事をアップする時間帯によっても、訪問してくれる人数や層が変わります。ＯＬさんの場合は通勤時間帯の朝や昼休み、主婦層の場合は朝の家事が一段落した10時頃など、読者さん目線で考えてみてください。

初めはブログ解析ツールのデータを見ながらいろいろな時間帯で試してみて、最終的には時間も一定にするのがおすすめ。

■ 読者登録

アクセスアップのポイントといわれる読者登録。お気に入りに登録したり、人気ブログに足あとを残せば、確かにアクセスがあがります。けれど、その数字は一時的なものにすぎません。

表面的には読者が1000人いれば人気ブロガーといわれますが、数より深度。相互登録の元に集まった1000人よりも、じっくり育ててきた300名のコミュニティのほうが、結束が強いこともあります。まずは、コツコツと関係を築き、300名とつながることを目指しましょう。このラインが、サロンをスタートさせる目安です。

アクセスアップのテクニックやツールは、世の中にたくさん出回っています。出会いの入口は多いほうがいいのですが、大切なのはそのあと。ゆっくりと時間をかけて距離を縮めていきましょう。

ブログの出口はサロンの入口

最後にもう一度おさらいしますね。ブログの入口は、出会い、つながりを深めること。そして出口は会いに来てもらうことです。

そして、決して忘れてはいけないことは、**サロンの場合は出口がゴールではなく、スタート地点**ということです。

もちろん、メディアを育てることも大切な仕事。けれど、全体の大きな流れの中では、種まきのプロセスでしかないのです。

あくまでも、**あなたが花を咲かせる場所は、次にお話する〈自宅サロン〉というフィールド。**

そのことを、いつも忘れずにいてくださいね。

Step 3

Launch

～芽をだす～

サロン空間を整え、レッスンを始める

種まきを終えたら、次は空間づくりをして、
サロンの船出＝ローンチをしましょう。
このステップで必要なのは、水＝潤いです。
きれいな水をたくさん与えて、出てきた芽を大きく育てましょう。
ブログでのプロモーションから、実践に移るときの
ブリッジイベントの開催の方法も詳しくお伝えします。

ライフスタイルも大切なブランディング

「自宅サロンって大変そうですね～」

初めてお会いするかたから、必ず聞かれる言葉です。

「はい、恐らく想像している以上に大変ですよ」

そう返事をすると、優雅に見える表面的な部分とのギャップに、ますます興味が湧くようです。

レッスンで人前に立っている時間は、ほんの一部。

その裏には、お掃除や雑務をはじめ、裏方の準備が山のようにあります。優雅に浮かぶ白鳥も、水面下では足をバタバタさせている…、そんな光景に似ています。

「抱いていたイメージと違っていた…」ということにならないためにも、なぜ、自宅サロンなのか?という意義を、まずは自分の中ではっきり持つことが大切です。


ここで、サロンの歴史を紐解いてみましょう。

サロン文化が花開いたのは一八世紀のフランス。アッパークラスの貴婦人がたが邸宅を開放して、音楽や芸術を広めたり、教養を深めあう社交の場を持つことが流行となっていました。

そのときに使われた部屋が応接間＝サロン。

マダムはゲストをお茶やお菓子などでもてなし、サロンからコミュニティが生まれ、華やかな文化が育ちました。

多くの貴婦人がサロンを開く中で、絶大な人気を誇っていたのが、ポンパドゥール侯爵夫人。彼女のサロンには、つねに人があふれかえり、髪型から、ファッションまで、みんなが真似し、サロンのインテリア、家具、小物など、彼女が持つものすべてが流行したといいます。いわば、時代のトレンドリーダー。その影響力は絶大で、いまでも歴史の中に〈ポンパドゥール様式〉として残されています。

私も生徒としてお稽古に通っていた頃、似たような経験をしました。憧れの先生がお持ちのものは何もかも素敵に見え、お手本にしてみたり、お揃いにしてみたりと、レッスンの内容だけなく、ライフスタイルそのものに興味が出てくるのです。

自宅サロンの意義は、**実際に暮らしている空間を開放する**ことによって、**リアリティのあるHappyな未来を具体的に描くことができる**ということ。

先生は、家という空間全体を使って、ライフスタイルを提案したり、メッセージを発信することができ、生徒さんは、**生活空間を五感で感じることによって、サロンに通ったあとの自分の姿や、レッスンを受けることによって生活が変わる予感を、リアルにイメージすることができます。**

そこが、自宅サロンの最大の強みでもあるのです。

だからこそ、先生にとっては、**ライフスタイルそのものが価値を持ち、大切なブランディング**となります。

心地よいサロンづくりとは？

さて、ここで質問です。

心地よいサロンづくりに、一番大切なことって何でしょうか？

視点を変えて、生徒さんの立場から考えてみてください。サロンを選ぶとき、あなたならそこに何を求めますか？

ただ単に習い事をしたい、スキルを身につけたいという場合は、利便性や費用を考えればカルチャーセンターという選択肢もあります。

そうではなく、**あえてサロンを選ぶかたは、〈プラスαの付加価値〉を求めているはず**。つまり、学ぶ場の雰囲気も大切に考え、空気感を大切にしているのではないでしょうか。

この空気感。どこから醸し出されているのか考えてみると、ハードとソフトふたつの側面が浮かんできます。

ハードというのは学びの場、空間のこと。家やインテリアの雰囲気が作り出すものです。ソフトというのは、先生が持っているセンスやスキル、レッスンの質はもちろん、サロンで生まれる社交、本来のサロンの意義である人と人とのつながり＝コミュニティという面も含まれています。

このふたつに魅力を感じて、自分も幸せになれると予感した瞬間、サロンに通うことを選択するのです。ハードとソフトの両輪をまわしていくのが先生の役目です。

まずは、ハードにあたるサロン空間から整えていきましょう。

訪れる人が心地よいと感じる空間に仕立てたいと思ったら、自分のスタイルを追求し、心から暮らしを愉しむことができる、お気に入りの空間を作ることです。

私が紅茶留学していたイギリスでは、「家は住む人の品性を表す」と言われています。一歩家に入ると、そこに暮らす家族の教養からセンスまで一目瞭然というわけです。本棚に並ぶ書物、壁に掛けられた絵画、キャビネットに並ぶ陶磁器……、家というものは、住む人の、暮らしに対する考えかたや価値観を具現化したもの。だからこそ、家に人を招くのはドキドキするし、招かれるほうもワクワクするのです。

あなたが一番輝くフィールドをつくりあげていきましょう。

リビングを中心に、生活感を素敵に演出

サロン空間を整える準備として、まずはレッスンを行う部屋を決めます。

専用のスペースがあれば理想的ですが、もともとサロンというのは応接間の意味。**リビングを中心にしつらえると、サロンらしい雰囲気**になります。

次に、**家の中をパブリックスペースとプライベートスペースに分けて**みます。パブリックスペースというのは、生徒さんが足を踏み入れる、エントランス、レッスンを行う部屋、パウダールームなどの空間です。

このパブリックスペースを整えるときに覚えておきたいのが、**生活感と生活臭の違い**。

普段の暮らしや生活空間を垣間見ることができることは、自宅サロンの魅力のひとつですが、**サロンを選ぶ生徒さんが求めているのは、夢のある空間**です。

日常の延長を感じさせるような生活臭はなるべく排除し、素敵な暮らしぶりを予感させ、心ときめくような生活感を演出していきましょう。

普段家族と過ごすリビングが、家族のいない時間だけサロンに変身するというスタイルは、ＯＮとＯＦＦの切り替えが大変なこともあります。

それでも、魅力的なライフスタイルを提案することも、大切な仕事のひとつと心得て、日々の暮らしを愉しみながら、ブラッシュアップを心がけてみてくださいね。

デメリットをメリットにかえるプラス思考

自宅サロンを始めたいと思っても、駅から遠いし…、狭いし…、とデメリットばかりに目がいってしまう人もいます。そんな自分ではデメリットと思っていることでも、ちょっと視点を変えて、メリットに変えてみてはいかがでしょうか？

私の例をご紹介しますね。

現在の私の家は、サロンを行うことを前提として設計士さんと一緒に建てた〈サロン併用型住宅〉ですが、初めは小さな賃貸マンションからスタートしました。

大学を出てすぐに結婚し、会社員時代に貯めたお金はすべて紅茶留学で使い果たしてしまったため、初期投資にかける予算はゼロ。決して広いとはいえないリビングに、普段使っているテーブルとソファ、イギリスで購入した唯一のティーセットを並べて、まさに何もない一からのスタートでした。

娘が生まれたのを機にマンションを購入し、少しだけ広くはなりましたが、駅から遠いというデメリットがありました。

サロンを始めたばかりで自信がなかった私は、「こんな立地では誰も来てくれないだろう」と考え、思いついたのが送迎付きのレッスンです。

歩くと駅から一五分以上かかる道でも、車なら五分程度。サロンのイメージに合わせて、思い切って英国車を購入しました。

「車に乗ったら、もうリコ先生のサロンにいるような感覚ですね」

意外にもこのサロンカー、ちょっとした特別感を醸し出したようで、大好評だったのです。

送迎は駅だけではなく、ご希望の場所へも伺いました。

幼稚園ママたちが、送迎の合間を持て余していると聞き、保育の時間を使ってレッスンにいらしていただく〈園まで送迎付きママクラス〉をつくったときには、口コミで広がり、タウン誌に取り上げられたこともありました。

足りないものばかりに目がいってしまうと、いつまでも船出はできません。

大切なことは、与えられた環境の中で、工夫してベストを尽くすこと。いまあるものに意識を向けて、どう活かしていくかを考えてみましょう。

サロンの名前を決めましょう

サロン開設へ向けての準備期間というのは、やることがたくさんあり大変ですが、楽しい時間でもありますよね。そのひとつがサロンの名前を決めること。

先生がたに、〈スタート時のお悩みベスト3〉を伺うと、サロンの名前というのが必ず入っていて、それぞれの想いやストーリーが見え隠れして興味深いものです。

サロン名は、イメージを決定づける看板、素敵なネーミングにしたいですよね。

名前をつけるということは、存在を意識することにつながります。

夜空に輝く星をイメージしてみてください。無数に存在する星の中には、まだ名前がついていない星もあります。名のない星は存在していないことと一緒ですが、名前をつけることによって、人はその存在をはっきりと認識するようになるのです。

名付けのポイントは、覚えやすい・イメージしやすい・共感されやすいこと。

これは反省の意も込めているのですが、私のサロン名は「エルミタージュ」。フランス語で〈隠れ家〉という意味があります。

モナコにあるエルミタージュというホテルの雰囲気をイメージしたことと、サロンやフィニッシングスクールの発祥がフランスだったことからフランス語にしたのですが、生徒さんからはよく、「英国式の紅茶教室なのに、なぜフランス語？」と訊かれますし、実は読みかたがわからないまま何年も通っていた、というかたもいらしたのです。

音の響きやイメージから、フランス語を選ぶかたも多いですが、覚えやすさや親しみやすさを優先すべきだった…、といまさらながら思っています。

また、想いが強すぎて逆に伝わらないネーミングや、意味を重ねすぎて、謎解きのような名前も考えもの。イメージが伝わらないほど複雑になってしまうと、本末転倒ですよね。

サロン名を途中で変えるのは大変なことですので、主観と客観、ふたつの角度からよく見極めながら考えましょう。

そして、最終決定のまえには必ずネットで検索をかけます。打ち込むのが思いのほか大変だったり、すでに商標登録されていたり、他にも同じ名前のサロンが一杯！ということにならないように、丁寧に決めてくださいね。

名刺は、魅せるブランディングツール

サロンの名前を決めたら、次は名刺を作りましょう。

スタート時から名刺が必要なの？　と思うかたもいらっしゃるでしょう。実は名刺というたった一枚の小さな紙が、時に想いを伝え、自分をアピールしてくれ、夢の実現性を早めてくれる、小さなブランディングツールにもなるのです。

名刺は、はじめましてのご挨拶と一緒に最初にお渡しし、後々まで手元に残るもの。視覚からくるイメージ、デザインの印象、紙の質感、フォント、相手に与える印象は思いのほか大きいものです。

私は三種類の名刺を使い分けていますが、作る際のコンセプトを二点に絞っています。

ひとつめが、**名刺交換した際に会話のきっかけとなる**こと。

ふたつめが、**相手の記憶に残る**こと。

サロンを始めた頃から、ずっと使い続けているのが切り絵名刺。お渡ししたとき驚くかたも多く、初対面でも会話がはずみます。特に、新聞社や出版業界などは、シンプルな縦名刺を使っている会社も多いので、意外な反応があります。

ただ、インパクトのある名刺であっても、印象は徐々に薄れていくもの。そこで、記憶に残る名刺にするために、あるエッセンスをくわえています。

それは、アロマの香り。名刺を保管するケースに、フレグランスを含ませたコットンを入れておくと、ほのかな香りが移ります。香りには記憶を引き出す作用がありますので、名刺を見返したときに印象と結びつくというわけです。

最近は営業ツールとしての名刺が流行《はや》っていて、顔写真はもちろん、細かな文字でプロフィールから理念がびっしり…、裏表だけでは足らず、二枚折り、アコーディオンタイプと、まるで〈小さな広報誌〉のようなものまでありますよね。

名刺だけではなく、**サロンカードや案内などもメッセージを運ぶ立派なブランディングツール**です。

自分の魅せ方をいろいろな角度から考え、一枚の紙に世界観やセンスを散りばめてみましょう。

誰かの土地を借りるコラボレッスンで実績づくり

スタートまえに行っておきたいことのひとつに、エリアリサーチがあります。

同じ地域や沿線に、どのようなサロンがあるのか、まずは検索してみましょう。

これは、リサーチというよりパートナー探し。縦のつながりが強いイメージのサロンですが、最近は横のつながりが急速に広がっています。エリアの近い先生には、まずはブログなどで気軽にご挨拶しておくといいかもしれません。


まだ一人ではイベントを取り仕切る自信がない場合は、少しハードルを下げたコラボレッスンがおすすめ。

何人かの先生や予備軍で力を合わせ、イベントを開催してみるのです。

一人では力不足でも、誰かと一緒なら出来ることもありますし、分野を越えて連携することで、斬新なアイディアが生まれるかもしれません。

また、親しい関係の先生にジョイントレッスンをお願いしてみるのもひとつ。

ゲストとしてお招きしてもいいし、先生がイベントを行う際の枠を少しだけお借りできないかどうか打診してみてもいいと思います。依頼する場合は、準備や雑務はすべて引き受けるくらいの気持ちで、メリットを具体的に提案することです。

私のサロンでも、「ミニトライアルレッスン」という時間をつくっています。サロン開設を目指すかたや、スキルアップをしたいという先生がたに、レッスンが終わったあとの時間帯にミニレクチャーをしていただくのです。行う側も参加する側も、ティータイムの延長という感覚でのぞむことができると大好評です。

小さな実績でも、積み上げることによって大きな前進になります。

ブリッジイベントを企画しましょう

サロンの環境が整ったら、ネットとリアルをつなぐ〈ブリッジイベント〉を企画しましょう。実際のレッスンを体験していただく〈トライアルレッスン〉や〈きっかけレッスン〉でもいいですし、もっと気軽にという場合は、〈お茶会〉や〈交流会〉という位置づけにすると、主宰側も参加側もハードルが低くなります。

ここでは、私が実際に行っているブリッジイベントの流れをご紹介します。

〈ブリッジイベント名〉

英国スタイルで学ぶ アフタヌーンティー 1 Day レッスン

場所	自宅サロン
開催日時	平日（火～金 11時）／土日（13時） 3時間程度
開催頻度	1年に1～2回
会費	4000～5000円 出版記念レッスンなどはサンキュー価格（3900円）など

● イベントの企画方法

まずいくつかレッスンプランを立てノートに書き出し、それぞれシミュレーションをしながら仮説を立てることから始めます。次に、その中の何パターンかを実際に行い、検証していきます。自分が立てた仮説通り上手くいくこともあれば、そうではないこともあります。その都度アンケートをとり、データ化し、改善点を反映させた新しいプランを立て、再度トライします。このように、トライ＆エラーを繰り返しながら次の企画を考えることによって、より共感されやすく、届きやすいイベントに近づいていきます。

〈自分が行いたいこと〉という視点よりも、〈生徒さんが体験してみたいこと〉を基準に選ぶことがポイントです。

● イベントの内容

私の場合、ブリッジイベントはトライアルレッスンという位置づけですが、表面的な部分だけを公開するのではなく、内容も普段のレッスンとまったく一緒、密度の濃いレッスンを行うようにしています。

全部見せてしまうのはもったいないと考えるかたもいますが、出し惜しみはタブー。「トライアルでこの内容なら、普段はもっと有意義なのだろう」と考えてくださるかたのほうが多いものです。

また、ブリッジイベントは、あくまでも出会いの場。「気軽に参加したら、入会を迫られ、帰らせてもらえなかった」など強引な勧誘は逆効果。不快な思いは誰かに話してスッキリしたいのが人の心理、「良いことは1人、悪いことは10人に話す」といわれるくらい、あっという間に拡散します。女性は特に売り込まれるのが苦手。相手から説得されるより、自分が納得して選びたいのです。

イベントに参加し、満足した結果、ぜひ継続して通いたい！と思ってもらえるような、きっかけづくりの場を心がけます。

● 開催日の設定

生徒さんが集まりやすいベストシーズンは春。新しいことを始めるには、ぴったりの季節ですが、注意が必要となるのは、春休み期間。特に就学期のお子さんがいらっしゃるかたは、長期休暇中の参加は敬遠しがちですので、この期間は避けています。また、4月は急な転勤や引っ越しもありますし、学校の年間スケジュールが出るまでは予定が不確定というかたが多いことも頭に入れておきます。

日時に関しては、通常クラスの曜日・時間帯に合わせ設定しています。この時間帯に関しても、数年にわたり試行錯誤をした結果、平日は、お子さんが帰宅するまでには家に戻りたいというママさんたちの声から、土日は、遠方から飛行機や新幹線で通う方々のご希望から、最終的に落ち着いたという経緯があります。ただ他にも、開始時間は早ければ早いほど嬉しいという声や、電車の空く午後一がいいという声、またＯＬさんは就業後の夜の時間帯を希望される方も多く、柔軟に対応しています。

曜日と時間の設定によって参加する層は明らかに変わります。どのようなかたにいらしてほしいのかを考え、自分のライフスタイルと照らしながら、何度か試してみることをおすすめします。

● 会費の設定

会費も通常レッスンと同じにしています。無料にしたり、金額を抑えることで人数は集まりますが、「その金額だから来てみた」という層が動き、継続が難しくなります。金額を下げるのではなく、本質的な付加価値をつけることによって、満足度を高めるようにします。

また、時には感謝企画として、出版記念レッスンと題しサンキューにかけて3900円にしてみたり、お土産に新刊本をプレゼントすることもあります。

● 募集方法

ブログを使って告知していきますが、ポイントは、いきなり募集しないこと。告知日を決めたら、その数週間前から予告をしていきます。「こんなイベントを開催したいと思っています！　来週◯曜日に募集開始する予定です」「前回は◯日で埋まってしまいました、ご興味があるかたは事前にご連絡くださいね」という感じで期待値を高めていき、告知日を迎えるようにします。

● ご案内メール

お申し込みはメールで一本化しています。入口が多いと見落としてしまうリスクもありますし、ブログメッセージからお申し込みの場合、住所などの個人情報を記載するとブロックされることもあるからです。

また、敢えて自動受付メールは設定していません。必要事項だけを記入する一方通行の自動メールより、何度か言葉のキャッチボールがあるだけで、安心感が違うのです。初対面のかたを家に招く自宅サロンは、リスクもあります。違和感があれば、この地点でお断りすることもできます。

● 入金確認

会費は事前振り込みにし、入金が確定した時点で正式なお申し込みとしています。サロンを始めた当初は当日払いにしていたのですが、キャンセルがかなりありました。特にビジターさんの場合、前払いをお願いすることで、このようなリスクは軽減されます。

ただ、入金期限を決めても、期日が過ぎても確認ができないかたが1割程度います。ほとんどのかたは、単純に忘れていたという理由なので、確認のメールをするとお振り込みくださいますが、音沙汰のない場合は、電話でご参加の意思を確認します。

● 案内の発送

振り込みの確認ができたらお礼メールをお送りし、地図入りのサロン案内を郵送します。中には、サロンへの地図、参加カード、レッスン案内の 3 点を同封します。

● 日程確認メール

イベント開催日が近づいてきたら、日程確認メールをお送りします。

● Thank you メール

イベント終了後、お礼メール、もしくはお礼状をお送りします。

ファーストコンタクトはここに注意！

生徒さんとの初めての接点となるファーストメールは、サロンの第一印象を決め、今後の流れも左右するものもの。「失敗した」なんていうことにならないためにも、まずは自分が常識と思っていることでも、主客を逆転させ、疑ってみることです。

たとえば、「メールは早めに返信することが一番」と考え、夜遅い時間に返信したら､逆に「こんな深夜に非常識」と感じるかたもいます。

また、細かな内容に関しても、「会費を振り込む際の手数料は、振込側が負担するのが当然」と思っている人もいれば、「受取側が負担すべきものだから差し引くのが当たり前」と思う人もいます。

考えかたの相違もありますし、地域によって慣習が異なることもありますので、曖昧な表現は避け、誰が見てもわかるように適切な表現を心がけます。そして、送信ボタンをクリックするまえに、受け取る側の気持ちになってチェックするようにしましょう。

【ご案内メール テンプレートⅠ お申し込み受け付け】

件名　エルミタージュ＊お申し込みありがとうございます

⬆そのまま Re などで返信しない

〇〇　〇〇様　**⬅苗字だけではなく、フルネームに敬称をつけて記載すると丁寧な印象**

はじめまして、エルミタージュの藤枝理子と申します。

このたびは、【英国スタイルで学ぶアフタヌーンティー 1Day レッスン】にお申し込みいただきまして、ありがとうございます。

下記の通り、お席をご用意させていただきました。

◆ 2014 年　10 月 21 日（火）　11 時　**⬅年度も忘れずに**

尚、入金確認を持ちまして、正式なご予約となりますので、
大変お手数なのですが、◯月◯日までにお振り込みをお願いします。

⬆〇日以内ではなく期日を明記

＜振込口座のご案内＞
〇〇銀行　△△支店　普通口座 XXXXXXX　（名義　〇〇〇〇）
参加費用　3900 円（税込）

⬇手数料は受取側負担と考える人も

＊誠に恐縮ですが、振込手数料はご負担くださるようお願い申し上げます。

⬇専業主婦の場合、ご主人様名義で振込されるかたも多い

＊お振り込みの名義が異なる場合は、お手数ですがご一報くださいませ。

入金確認後、地図入りのご案内を郵送にてお送りいたします。

ご不明な点がございましたら、遠慮なくご連絡くださいませ。

どうぞ、よろしくお願いいたします。
＊返信のお心遣いは不要です。　**⬅わざわざ返信くださるかたもいる**

英国式　紅茶＆マナーサロン エルミタージュ
藤枝　理子　RICO　FUJIEDA　**⬅まだ所在地は記載しない**
URL >> http://ameblo.jp/rico1995/

【ご案内メール テンプレートⅡ 入金確認】

件名　エルミタージュ＊お振り込みありがとうございました

⬆入金確認は毎日行い、なるべく早くお礼の連絡をする

〇〇　〇〇様

こんにちは、エルミタージュの藤枝理子です。
本日、ティーレッスンの入金を確認いたしました。
お忙しい中、ありがとうございました。

⬆ネットバンキングではなく、銀行まで出向いたかたも多いことを忘れずに

ご案内のほうは、〇日をめどに郵送させていただきます。

⬆あまりに早く送付すると、忘れてしまう場合もある

当日は10：50より入室いただけます。
場所により空調があたる場合がございますので、必要なかたは上着等をお持ちください。

⬆念を押したい事項を書いておく。記載がないと1時間近く早く来る人も

ご不明な点がございましたら、お気軽にご連絡くださいませ。

⬆意外と質問やリクエストはくる。多いのは、終了時間や写真撮影について
ご質問が多い事項は、あらかじめ案内に記載しておくといい

〇〇様にお目にかかれますことを、心より楽しみにしております。

英国式　紅茶＆マナーサロン エルミタージュ
藤枝　理子　RICO　FUJIEDA
〒〇〇〇－〇〇〇〇　住所〇〇〇〇〇〇〇〇〇

⬆郵送した案内を紛失する人もいるので、
念のため住所と連絡先、地図のリンク先を記載

【Google マップ】：http://goo.gl/maps/***
☎〇〇〇－〇〇〇－〇〇〇〇

⬅当日キャンセルや遅刻は、メールより電話連絡が多い

[本番まえの最終チェックポイント]

いよいよイベント本番の日、ドキドキは最高潮です。
ここでは、私が行っているパターンを時系列でお話します。
参考にしながらシミュレーションを行ってみてくださいね。

●前日までに用意しておくもの

以下のものをリストアップして準備します。

□参加票（生徒さんに記入していただきます）（人数プラスα）
□レジュメとボード（人数プラスα アクシデントがあった場合を想定）
□筆記用具（忘れるかたが意外と多い）
□ BGM に使用する CD
□現金・領収書（紙幣は新札を用意、小銭も両替して揃えておく）
□名刺・サロンの案内・アンケート用紙（クロージングの際に配布）
□ティータイムに使用する食器・カトラリー・ナプキン
□スリッパ・ハンガー（人数分）
□お土産（レッスンで使用した紅茶など、プチギフトはとても喜ばれる。
自分で用意する場合もあるし、スポンサーさんがつく場合も）

準備は、できるだけ前日までに済ませておくようにします。

朝、起きてから準備すれば大丈夫…と思っていても、予期せぬアクシデントが起こる場合もあるからです。たとえば、次のような事態は、通常のレッスンでも起こりうることなので、事前に対応策を考えておきましょう。

◎子どもが熱を出した（ふだんと様子が違うことを察知するのか、小さなお子さんほどよくあるパターン）
◎キャンセルがあった（当日キャンセルが続出し、参加者が 1 人という事態も想定）
◎天候不良（台風・大雨・大雪など、警報や注意報がでた場合はどうするか）

突発的な出来事が起こった場合、対応に追われ、時間が刻々と過ぎていきますし、心理的な焦りや負担も大きくなります。また、開催時間中に地震が起こったり、急病人が出たりという可能性も否定はできません。

どのような場合でも動揺することがないように、危機管理に関してはさまざまなケースを想定し、必要なら保険に加入するなども検討しておくと安心です。

前日までに準備しておくもの

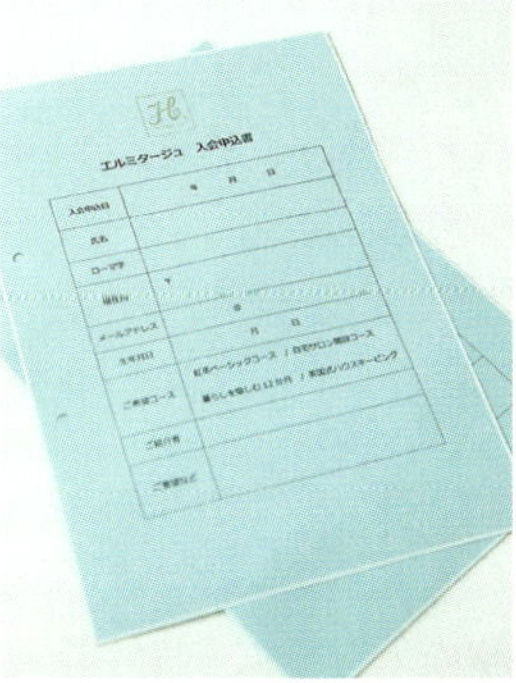

こんなものも用意しておく

そのほかにも、急な雨に備えて折りたたみの傘、不意に起こるケガや体調不良の処置用として、常備薬や絆創膏なども準備しておくと安心です。

[当日の流れ]

4時間前

　サロンの準備は、当日の朝、家族の送り出しや家事が終わってから始めます。私の場合は、外まわりの掃き掃除から始め、玄関、サロン、レストルーム…と、生徒さんが使う場所はひととおり掃除機をかけ、床を拭き上げます。手が触れるドアノブなども汚れが気になるので、ドアノブ磨きも忘れずに。お掃除が終わったら、レッスンのためのセッティングとティーフーズの準備をします。レッスン開始の30分前には着替えを済ませ、お出迎えができる状態に。早めにいらっしゃるかたや急なキャンセルの連絡が入ることもあるので、余裕をもっておきましょう。

手が触れるノブも磨いておく

汚れが目につくドアノブもレッスン前に磨きます。手が触れる部分のお掃除はしっかりと。

玄関前の掃き掃除からスタート

室内の準備に追われがちなので、最初に玄関や外まわりのお掃除から始めます。

キャンセルの連絡は朝が多い

急なキャンセルは当日の朝に連絡がくることも。落ち着いて対応できるようにしましょう。

お掃除グッズをまとめたバスケット。これを持ってサロンじゅうをお掃除します。

お掃除のあとセッティング

テーブルクロスをかけたり、食器をセッティングしたりの準備は、お掃除が終わった後に。

トイレットペーパーを交換

トイレットペーパーは、毎回、新しいロールに取り替えます。予備も用意しておいて。

[お出迎え]

　当日いらしていただいたら、一人ひとりエントランスで出迎え、笑顔でご挨拶します。サロンに案内し、ウェルカムドリンクを召し上がっていただきながら、感謝の気持ちと歓迎のメッセージをお伝えします。

　ここでのポイントは〈場をあたためておく〉こと。いらっしゃるかたも、初めてのサロン、初めて会う先生に、ドキドキしていることを忘れずに。もちろん、お迎えするほうも緊張しますが、生徒さんがリラックスできるように心がけて。

一人ひとりを笑顔でお迎え

初めてお会いする生徒さんとのファーストコンタクト。緊張をやわらげるように笑顔で。

1杯の飲み物でリラックス

用意しておいたウェルカムドリンクをお出しして、一人ひとりにお声をかけます。

頂きものはメモをつけて

初対面でも手土産をお持ちになるかたも。お名前をメモして、目立たないところへ置きます。

レクチャーのときも目を合わせて

レッスンがスタートしてからも、生徒さんと万遍なく目を合わせて話すようにします。

空調の温度や風向きに注意

特に女性は空調の風に敏感なので、ちょっとしたしぐさも見逃さないようにしましょう。

[レッスンスタート]

全員が初対面という場では、それぞれが緊張し、初めは空気も重く感じるものです。先生のほうから積極的に言葉を交わし、リラックスした雰囲気でスタートできるように心がけます。

レッスンの最中も、一人ひとりと目を合わせるように心がけましょう。また、表情やしぐさに表れるちょっとしたサインも見逃さないようにします。意外と気づきにくい部分が、部屋の温度や空調の風あたり。先生は喋ったり動き回ったりするため一人だけ体温も高めですが、寒がりという女性も多いもの。自分よりもゲストの体温にあわせて、空調や風向きの調整をします。

[最後のご挨拶]

「お迎え３歩、見送り７歩」という言葉を聞いたことがありませんか？

ホッとして気が抜けてしまいがちですが、お迎えするとき以上に、別れ際というのは大切なシーン。最後は、できるかぎりお一人ずつお顔を見ながら挨拶し、丁寧な気持ちでお見送りします。レッスンが終わるやいなや、早々に後片づけを始めたり、玄関を出るなりガシャンと鍵をかけられると、何となく追い出されているような気分になりますよね。そんな小さなことが、のちのちまで先生の印象として残っているものです。

決して言葉や形だけではなく、そこに気持ちがあれば相手にも伝わります。

「今日はここに来てよかった。また、会いに来たいわ」そう感じてくださるようなクロージングができれば、イベント成功です。余韻の残る別れは、新しい出会いの予感をもたらしてくれます。

お見送りも心をこめて

お帰りの際の最後のご挨拶も丁寧に。心をこめてお見送りをしましょう。

手土産をお渡しすることも

お土産を用意しているときは、最後のご挨拶のときに感謝の言葉とともに手渡します。

最後の生徒さんは外でお見送りを

最後に帰られる生徒さんは外までお送りしてご挨拶します。心に残るお見送りをしましょう。

これはNGです。

玄関の鍵はすぐにかけない

玄関を出たらすぐに鍵をかける音…、というのも、無意識にやりがちなので要注意。

後片づけは急いではいけない

楽しいティータイムも、早々に食器を下げると水をさすことに。片づけはあとでゆっくりと。

[レッスン後]

レッスンが終わったら、後片づけです。レッスンが続く場合は翌日の準備もありますから、ここは手際よく進めましょう。まずお忘れ物がないかをチェック。私の場合は、続いて部屋の照明のスイッチをすべて切ってしまいます。レッスン直後は気分も高揚しているので、いったん気持ちをクールダウンするためです。

着替えをしたあと、レッスンで使用した食器を洗い、お使いいただいたスリッパやボードをひとつひとつ拭きあげます。翌日のスタートが気持ちよくきれるように、後片づけの手順も決めておきましょう。

お忘れ物のチェックはすぐに

意外に携帯電話やカメラを忘れるかたが多いので、ソファのまわりなどはチェックしておきます。

スリッパは裏面も拭いておく

スリッパはその日のうちに拭きあげます。裏面まで丁寧に手入れし、清潔に気持ちよく使っていただくようにします。

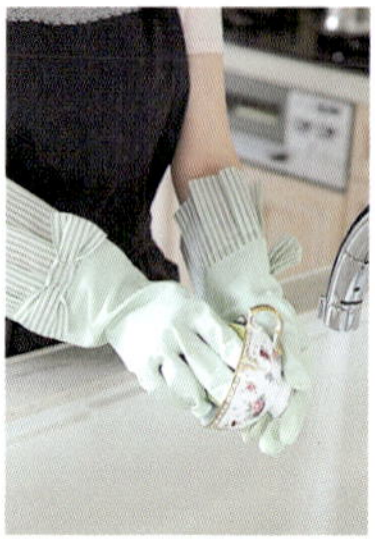

アンティークは手洗いで

デリケートな食器は手洗いで。それ以外は食器洗い機を利用することもあります。

レッスン後はまずスイッチオフ

気持ちを切り替えるには、照明を消すのが効果的。一呼吸おいてから片づけスタート。

[次へのステップ]

レッスンの後片づけが終わったら、最後にデスクワークを片づけます。手土産をいただいたかたへの返礼や、参加のお礼のメール、レッスン日記など、その日のうちに済ませたい仕事は意外にたくさん。レッスン日記は、次のレッスンの参考にもなるので、天候や気温、服装、レクチャーの内容や生徒さんからの質問など、細かく記録しておきます。

小さなギフトを返礼用に用意

手土産をいただいたときの返礼用に、小さなギフトをいくつか用意。すぐに発送します。

レッスン日記は貴重な記録

レッスン内容は細かく日記に記録。次のレッスンの資料として参考にしています。

ブランディングツールのあれこれ

サロンから出すご案内状や自分の名刺は、サロンのイメージを決める
ブランディングツール。参考例をご紹介します。

封筒・便せん

封筒は、誰から受け取ったお手紙かをひと目で印象づけるアイテム。藤枝さんはサロンのイメージカラー、パステルグリーンのものをオーダーしています。封印のシールも、好みのデザインのものをオーダー。送る相手によって選べるように、記念切手を数種類用意しています。

各種ご案内状

レッスンのご案内なども、お問い合わせやお申し込みがあったときにすぐに発送できるようにあらかじめ準備しておきましょう。自分でパソコンでつくったもので十分ですが、サロンのイメージを統一して伝えられるように、デザインや色を決めておくとよいでしょう。

名刺

ご挨拶のときに印象を残すには、なんといっても名刺が効果的。藤枝さんは2種類の名刺を使っていますが、カットワークが入った名刺は好評で、会話の糸口になりやすい。名刺に香りを移して五感に訴えるのもアイディアの一つです。

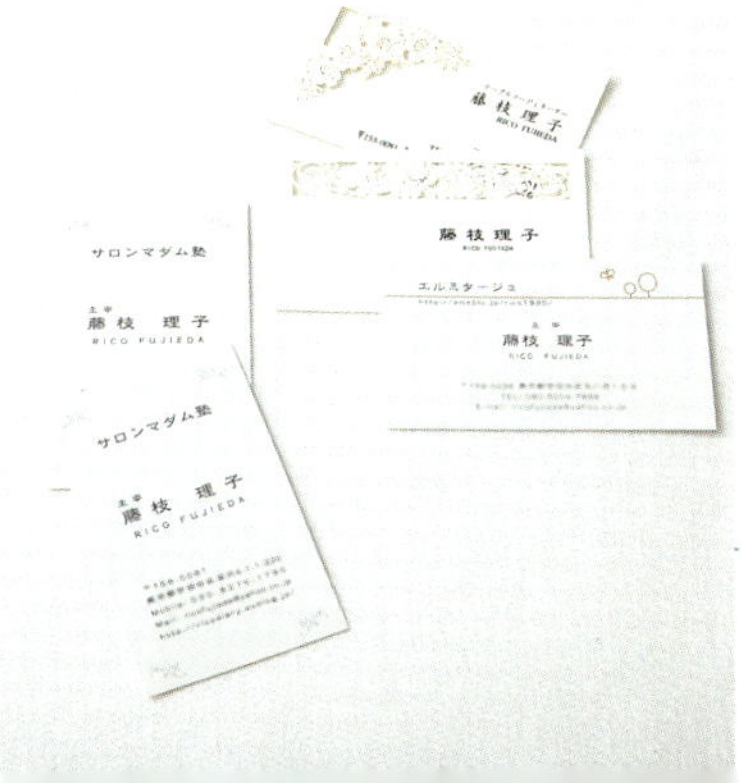

マネジメントツールのあれこれ

サロンの運営について計画したり、レッスンのレジュメを管理したり
マネジメントも大事な仕事。ここではツールの一部をご紹介。

レジュメファイル

レッスンのレジュメは、サロンの大事な財産のひとつ。藤枝さんは基本的にパソコンで管理し、紙でいただいた資料などはファイリングしています。レッスンに使うレジュメは、毎回、人数分を一度にプリントして準備を済ませ、ボックスに入れておくようにしています。

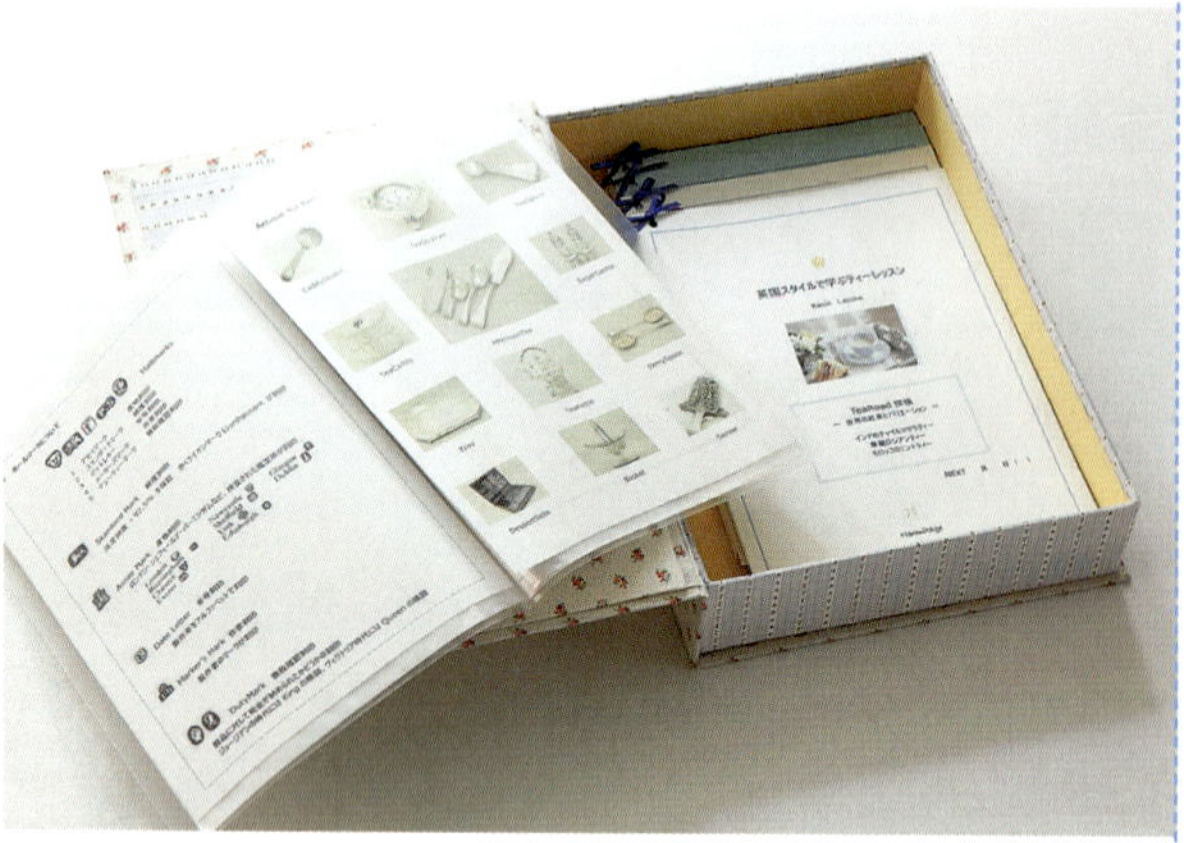

ノート

サロンのブランディングをしたり、今後の運営計画を立てる際には、頭をまとめるためのツールを用意しておきましょう。ノートである必要はありませんが、記録に残しておくと、振り返りができます。藤枝さんは、ノートとパソコンを併用しているそうです。

請求書

経理の帳簿をつけることはもちろんですが、外部講師などの対外的な仕事が増えてくると、領収書のほかに請求書を出すこともあります。請求書のひな型はインターネット上でもたくさん公開されていますので、経理関係に必要な書類も整えておきましょう。

Step 4

Management

～咲かせる～

サロンを軌道にのせ、幸せの輪を広げる

丁寧に育ててきた種が、いよいよ花を咲かせるときです。
土壌を耕し、種をまき、水を与えたら、最後に必要なのは太陽の光。
燦々とした光がたくさん降り注ぐように、
いつも心に大きな太陽を持ち続けましょう。
たくさんの人が集まり、長く愛され続ける魅力的なサロンを
育てるヒントをお伝えします。

愛されるサロンづくりの秘訣

「私は生徒さんに恵まれていて…」

〈愛されサロン〉の先生がたが、よく口にする言葉です。**サロンを支えているのは、実はたくさんの方々の力**ということを知り尽くしているのです。

魅力的なサロンには多くの人が集まり、想いやビジョンに共感し結びつきが強まっていくと、一緒にサロンを支えてくれる力になります。

心から応援してくれる人が多ければ多いほど、この輪はさらに広がっていきます。

そして、この循環は一度まわり始めると、どんどん人を巻き込みながら大きく成長していきます。輪が広がり実を結んだ結果、愛されサロンは育っていきます。

想いを共有する人たちとのつながりは、思わぬパワーを発揮し、時には自分の代わりとなって力を貸してくれ、一人の力では成し得ないような大きな成果をもたらすこともあります。だからこそ、この**〝心から応援してくれる人の輪〟を、いかに大きく広げていくかが、愛されるサロンづくりの鍵**となります。

輪を広げていくために大切なことは、生徒さんとの間にラポールを築くこと。

ラポールとは、お互いに共感しあい、心と心が通いあって橋が架かった状態、日本語でいう絆というイメージでしょうか。

一人でも多くの人と〈心のブリッジがかかった状態〉を築いていきましょう。

サロンから輪を広げるには?

ラポールを築き、輪を広げていくには、まず自分から生徒さんを好きになること。

大好きな人のことは、もっと知りたい、もっと喜ばせたいという思いがうまれ、素直に行動にも現れますよね。それは波動となって相手にも伝わるものです。

そして次に、**大好きな生徒さんを一二〇%満足**させてあげてください。

なぜ、一〇〇%ではなく一二〇%なのでしょうか?

理由は尺度の違い。一〇〇%の気持ちで臨んだとしても、受け取る側の満足感は七割か八割、人によっては半分程度と、それぞれ違うからです。

人の満足感というのは、払った対価とそこから得た効果のバランスによって生まれます。このふたつが釣り合ったときに〈満足〉と感じますが、イコールというバランスでは、まだ少し物足りません。

その**満足感が予想をはるかに越えたとき〈感動〉**につながります。そして、誰かにこの感情を伝えたいという心理がはたらきます。女性は自分が好きになったもの、満足を得たものを、独り占めにしておくよりも、一緒に共有し、分かち合いたいと考えるかたが多いのです。

心の器が一杯に満たされ、あふれ出た瞬間、次々と輪が広がっていくのです。


レッスンのあと、一人ひとりの顔を思い浮かべてみてください。

「楽しかった、またここに来たい！」と思ってもらえる一日でしたか？

クオリティーの高いレッスンやスキルを提供することはもちろん、そこに付加価値というエッセンスをくわえ、お会いするたびに満足感を持ち帰っていただく…、そんな気持ちで生徒さんをお迎えしてみてください。

日々の小さな積み重ねが、やがて大きな花を咲かせるパワーとなります。

サロンの魅力のひとつ、ティータイム

「サロンとスクールの違いって何ですか？」

そんな質問をすると、〈ティータイムの有無〉をあげるかたが多くいらっしゃいます。「レッスン後のティータイムが毎回楽しみ」という声は、どの分野のお稽古であっても共通しているようです。

特に、クラフト系の場合は体力も消耗しますし、たとえ座って聞くだけのレクチャーであっても、思いのほか疲れるもの。純粋にティーブレイクという意味もありますが、何よりティータイムは、先生や他の方々とリラックスしながらお喋りできる、〈サロンならではの、ちょっと特別な時間〉。先生にとっても生徒さんとの距離を縮め、ラポールを築くための大切なコミュニケーションになります。

生徒さんも楽しみにしているからこそ、「あそこのサロンは、プラスチックのカップだった」、「あの先生はティーバッグの紅茶を使っていた」など、驚くほど細かくチェックしているのも事実。

美味しい紅茶と手づくりスイーツ、こだわりのセレクト…おもてなしの気持ちを込めて、ティータイムを演出してみてくださいね。

愛されサロンの先生に学ぶ五つのゴールデンルール

人気サロンの先生がたと接していると、ある共通項があることに気づきます。

それは、**人を惹きつけるHappyオーラ**。

もちろん、専門の分野はそれぞれ違いますし、どちらかといえば個性的なかたも多いのですが、女性としてもチャーミングで魅力的なかたばかり。一緒に時間を過ごしたあと、必ず「また、お会いしたい！」という思いが芽生えるのです。そして、会うたびにどんどん好きになり、気がつくとファンになっています。

そんな先生がたの放つオーラは、どこから生まれるのでしょうか？　五つの角度からアプローチしました。幸せの輪を広げたいと思ったら、このシンプルなルールを実践してみてください。

●愛されサロンの先生に共通する〇〇〇〇〇力

愛されサロンの先生はみな、人を喜ばせることが何よりも好きです。

知識やスキルの達人であると同時に、〈おもてなしの達人〉あり、相手の気持ちを瞬時に察知し、自然と行動に移すのが上手です。

サロンというのは、家に人を招いて何かを伝えたり教えたりしますよね。生徒さんはある意味ゲストでもあるわけです。女性は心の中でつねに、「自分のことを大切に扱ってほしい」と感じています。扱われかたひとつで、感情も変わります。

だからこそ、**サロンの先生には〈おもてなし力〉が不可欠**なのです。

レッスン中も、一人ひとりに気配り、目配りを忘れずに、「あなたは大切な存在ですよ」というメッセージと一緒に、丁寧に気持ちを贈り届けます。

驚くのは、**人を喜ばせるTIPSをいくつも持っている**こと。さまざまなシーンにあわせ、手紙やカード、ギフト、サプライズ…、言葉や形にして、気持ちを散りばめるのです。細やかな心遣いは、〈おもてなしの心〉として、生徒さんに響きます。

心が触れあうと共感がうまれ、感動や喜びにつながっていきます。

このようなコミュニケーションは、お互いがハッピーになりますよね。たくさんの感謝や喜びで共鳴しあう関係は、信頼と深いラポールを築き上げます。

◉人を輝かせる力

愛されサロンの先生は、**さりげなく長所を引き出し、自然な形で言葉に表すこと**

が、とても上手です。

日本人の私たちは、褒めることも褒められることも、照れくさいと感じるかたが多いのですが、これもコミュニケーションのひとつ。

もちろん、思ってもいないことを言うのはお世辞と受け取られ逆効果ですし、一人の人だけに話題が集中してしまうと、周囲の空気は冷めていきます。

限られた時間の中でも、**一人ひとりがスポットを浴びて輝く瞬間をつくりだす**のも、愛されるサロンの先生ならではのスキルです。

◉自分軸より他人軸

愛されサロンの先生は、自分軸ではなく他人軸で物ごとを見ています。

自分だけが幸せになりたいと考えるのではなく、共存・共有という価値観を持ち、どうしたらみんな一緒にハッピーになれるかを考えます。人の成功を羨ましく思ったり、嫉妬の炎を心に燃やしたりはしません。むしろ、頑張っている人を応援することによって、お互いを高めあい、プラスのパワーを引き寄せています。

嫉妬という悪魔の心は、ネガティブなエネルギーしか生み出しません。

サロネーゼの森の中でも、隣の土地や他の人が咲かせた花はキレイに見えるものですが、羨ましいと眺めてしまうのは、いま目の前に咲き誇っている花しか見ていないから。その花を咲かせるまでの苦難や努力という面は、見ていないのです。

花が咲く時期や成長の過程というのは、それぞれ違いがあります。ただ、それだけのこと。森を眺めながら木を見る、そんな心の余裕と視野の広さがあれば、森は潤い美しくなります。

◉プラス思考

愛されサロンの先生がたに共通している点は、みなさん非常に**ポジティブで、セルフイメージが高く、考え方もプラス思考**という部分。

たとえば、生徒さんが一人しか集まらなかったとします。そんなとき、「一人ではレッスンはできない…」と落胆するのではなく、「この一人を心の底から満足させてみよう」と考えます。その結果、一人の人が多くの人を運んでくるような連鎖が起こるのです。どんな逆境においても、決して諦めることなく、ピンチをチャンスに変える術を持っています。

喜怒哀楽の感情でいうと、喜と楽で心の中が満たされている状態。不平や不満のようなネガティブな会話はなく、プラスの言葉がたくさん飛び交います。

人間は考え方ひとつで変わります。

起きてしまった出来事を悔やむより、それをどう捉えて行動するかによって、問題の意味づけを大きく変えることができるのです。前向きでポジティブな思考は、自分自身がハッピーな気分で毎日を過ごすことができるだけでなく、**プラスの波動が人を惹きつけ、幸せのエネルギーをたくさん運んできてくれるもの**です。

◉感謝の気持ちを忘れない

愛されサロンの先生は、いつも感謝の気持ちを忘れません。

キレイな花を咲かせることができたのは、決して自分一人の力ではなく、多くの人の支えや助けによって成長してきたことを理解しているからです。

先生というのは、**教える、与える立場でありながら、実は生徒さんから学ばせていただくことや、与えられることもたくさん**あります。だからこそ、つねに自分を振りかえり、過ちは素直に認め、少しでも恩をお返ししようと努力を続けます。

日々生徒さんやまわりの人々に感謝、出会いやご縁に感謝、目の前の幸せに感謝し、「ありがとう」の思いを笑顔と一緒に届けます。

感謝の量は幸せの量。笑顔の連鎖は、さらに大きな幸せの輪をもたらせてくれます。

悩みごとの解決は〈ブレストお茶会〉で

サロンを主宰する先生には、決めなければいけないことがたくさんあります。

何でも好きなように決めることができる反面、自分軸で判断しがちなのですが、**生徒さんの満足度をあげるためには、積極的にまわりからの意見を取り入れること**です。

そこで私は、**生徒さん参加型の会議、〈ブレインストーミング〉を定期的**に行っています。ブレインストーミングBrainstormingというのは、Brain（頭脳）とStorm（嵐）という言葉からもわかるように、何人かで集まって思いつくままにアイディアを出しあうグループミーティングのこと。

参加していただくのは、主にリピーターの生徒さん。私のサロンでは、卒業後も再受講を希望されるかたが多いのですが、リピーターのかたには、会費を無料にしたり、材料費のみをいただくようにしています。

その代わり、このブレストにご参加いただき、率直な意見や改善案などを出しあってもらいます。**サロンの心強いアドバイザー**というわけです。

会議というと堅苦しいイメージになり、参加する側も構えてしまいますので、名前は〈アフタヌーンティーブレスト〉。お茶会をしながら、数人でお喋りするスタイルにしているので、気分はまるで女子会のようです。

リラックスした場だと、先生と生徒という垣根が取り払われ、フランクに相談することができ、いろいろなご意見やアイディアが飛び交います。参加するかたもアドバイザーという意識を持つと、一歩踏み込んで運営側の目線でレッスンに参加してくださるようになり、結びつきも深まります。

このブレインストーミング。**〈一人ブレスト〉というバージョン**も行っています。お茶会でいただいた意見をどのように取りいれていくか、アイディアを生かしていくかを、美味しい紅茶を飲みながら、一人でゆっくり考える時間です。

たまには場所をかえ、思い切ってホテルのラウンジなどに出かけます。いつもとは違う空気の中で、紅茶を飲みながら自分と向き合うと、頭の中が整理されていきます。

何か壁にあたったときや、軌道修正が必要なときには、ぜひブレストを取りいれてみてくださいね。

サロネーゼの時間術

自宅サロンでむずかしいのは、ＯＮとＯＦＦの切り替え。自宅が仕事場ということもあり、仕事とプライベートの時間の境界線が曖昧になりがちです。

私の場合も、朝起きたらまずはパソコンでメールチェック。日中はレッスンと家事に追われ、夜、子どもが寝静まったあとの夜中に原稿書きなどの仕事をします。

気がつくと、休日返上で働きづめ、すっかり夜型パターンになってしまい、朝、なかなかモチベーションがあがらないことも結構あります。


そこで実践しているのが、**毎朝の出勤＆ひとり朝礼**。

レッスンのない日でも、スーツを着て身なりを整え、ヒールを履いて駅まで行くのです。歩くと五分の距離ですが、その時間に一日にすべきToDoリストを洗い出して確認したり、優先順位をつけ頭の中を整理するなどして、ＯＦＦからＯＮに気持ちをリセットします。

駅にはオフィスビルがあり、スーツ姿のビジネスマンに混じってオフィスのパリッとした空気を吸うと、頭の刺激になり、今日も一日頑張ろう！と、自然と背筋が伸びてくるのです。

こうして気持ちを切り替えて出勤したら、ひとり朝礼を行い、時間にも区切りをつけます。その日のレッスンの確認事項をチェックし、作成したToDoリストに沿って、到達目標、作業配分など、効率よく時間割を決めてから取りかかります。

もちろん、このように決めごとをしても、スムーズにいかないことも多いもの。たとえば、「自宅なのだからいつでも大丈夫だろう」と時間を問わず連絡がくるので、メールや電話も三六五日二四時間対応になりがち。メールチェックの時間や回数を決めて対応する、サイトなどに対応可能な曜日や時間をアナウンスするなど対策が必要です。

そして、**大切なことは仕事とプライベートの優先順位をはっきりとさせて、自分の中にONとOFFの切り替えスイッチを持つ**ことです。

サロンでの出会いと別れ

サロンの楽しみのひとつに、新しい出会いがありますが、〈出会い〉があれば、当然〈別れ〉もあります。時には予期せぬ別れが訪れるときだってあります。

最近サロンを始めたばかりの先生から、こんなご相談を受けました。

「生徒さんが辞めてしまうと、ショックでそのことだけが気になってしまう…」

思い悩むあまり家族にあたってしまい、レッスンを行う気にもなれず、何が気に入らなかったのかが知りたくて、執拗にメールをしてしまったとのことでした。

サロンに問題があるのかもしれないし、別の理由があるのかもしれません。ただ、生徒さんにそれを話す義務はありません。

去る者は追わず、深追いしないことが賢明。いつかは立ち直るのだから、落ち込んでいる時間はなるべく短いほうがいいですよね。

また、ここ最近増えてきているのが、こんなお悩み。

「フェイスブックを見ていたら、偶然自分の生徒さんが他の先生のサロンにも通っていることを知ってしまい、立ち直れない」

自分だけの生徒さんでいてほしい、という気持ちは理解できますが、生徒側からすると、その考えは負担にすぎません。

生徒さんは先生の所有物ではありません。

決して、私だけのものとは思わないことです。熱心なかたほど、「幅広く学びたい！」と、いろいろなサロンをまわります。また、技術の習得よりもお稽古やサロンの社交が純粋に好きで、いくつも掛け持ちしているかたも結構いますし、サロンを渡り歩くグループもあります。賛否はともかく、それは個々の自由で、誰にも止める権利なんてないのです。

被害妄想がふくらみ、裏切られたと恨んでみたり、生徒さんが行った先の先生に対して、怒りの矛先を向けてしまう人もいます。

ネガティブな感情もまた、負のスパイラルを起こしてしまうものです。

そのほかにも、可愛がっていた生徒さんや、手塩にかけて育てたアシスタントさんが突然離れていってしまったという話もよく耳にします。

サロンが成長していく過程の中で、このような別れは避けて通ることはできません。**去っていった人を追うよりも、いまあなたのまわりにいてくれる人に感謝し、絆を大切にしていくことで、きっとまた新しい出会いが訪れる**ことでしょう。

サロンにまつわる五つの心配ごと

どんなに丁寧に花を育てていても、雑草が生えてくることがあります。

雑草というのは、心配ごとやトラブルのこと。そのまま放置していると大きくなり、栄養を吸い取られ、成長の妨げにもなりますので、小さなうちに抜きとっておきましょう。

◉セキュリティの問題

自宅サロンの場合、不特定多数のかたが家に出入りすることになるため、思わぬトラブルにみまわれるケースもあります。

たとえば、プライバシーや防犯の問題。

実際に置いてあったはずのものがなくなった、オープンにはしていないプライベートな部屋に人が入り込んでいたなどの話もあり、対策として警備会社のセンサーや防犯カメラを設置しているサロンもあります。

またサロンには、レッスン以外の目的で出入りをするかたもいます。

注意したいのは、ネットワークビジネスや宗教などの勧誘。これは生徒さんにもご迷惑がかかりますので、毅然とした態度でお断りすべきです。

このような**トラブルのほとんどは、一日かぎりのイベントやレッスンで起こります。**

防衛策としては、お申し込みのかたのご住所・連絡先を必ず事前に確認しておくこと。慎重な先生の中には、入会の際に履歴書のような細かな資料の提出を求めたり、必ず面談を行うというかたもいらっしゃるくらいです。

お互いが気持ちよく過ごすためにも、また生徒さんを守るという観点からも、安全管理に関しては、リスクと回避法を考えておく必要があります。

◉サロンのコンプライアンス

最近よく耳にするコンプライアンス＝法令遵守ですが、サロンを主宰するうえで、権利やブランドを守るために、そしてリスクを回避するためにも、考えておくべきことです。

まず、プライバシーや個人情報保護の問題。

サイト上での生徒さんの名前や写真の掲載はもちろん、住所やメールアドレスなどの管理も、サロン内であっても慎重すぎるくらいに気を配りましょう。

情報管理はパソコンで行っている先生も多いですが、流出などのリスクもありますので、情報セキュリティも念入りに。私の場合は、**メールなどもすべてプライベートとは別に管理し、名簿にはセキュリティソフトでロックをかけ保管**しています。

また、最近は誰もが気軽に、ネット上に情報をアップする時代です。レッスンの様子がリアルタイムで実況されていたり、家やマンションの外観写真がアップされていることもあります。

生徒さん側も意図せず、スマートフォンなどについたＧＰＳ機能からサロンの所在地が特定できてしまう危険性もあるため、入室の際、一人ひとりの位置情報機能がオフになっているかを確認する先生もいらっしゃいます。

逆に、**知らず知らずのうちに相手の権利を侵しているケースも**あります。たとえば、レシピやレッスン内容を許可なく使う、ブログで見た他の先生の写真や作品を真似るというのも、著作権侵害にあたる場合もあり、使用する際には許諾が必要です。

苦労して作り上げた作品やカリキュラムは、先生にとって財産です。法には触れないギリギリのラインだとしてもモラルの問題につながりますし、リスペクトの気持ちがあれば、そのような行為はしないはずですよね。

これらの問題は、著作権や商標権・プライバシー権など法的な問題に関わるリスクもあります。無用なトラブルに巻き込まれないためにも、ルールを設定し、サロン規約としてサイト上に公開する、生徒さんに配布するなど、日頃から危機管理を意識しておくことが大切です（143ページのレッスンポリシー参照）。

◉キャンセルのトラブル

サロンを主宰する先生の共通の悩みといえば、キャンセルがあげられます。見えにくい部分ではあるのですが、どのような分野であっても、当日のレッスンより準備にかかる時間や労力のほうが大きいもの。だからこそ、一生懸命準備して臨んだレッスンにキャンセルが出ると、材料などの物理的なデメリットはもちろん、それ以上に精神的なダメージも受け、モチベーションにも影響を及ぼしてしまいます。

キャンセルをする理由は、「子どもが熱を出した」「仕事が終わらない」など突発的でやむを得ない事情から、「ちょっと気分がのらない」「もっと楽しそうな誘いがきた」「お天気が雨だから」という理由まで、そのかたの優先順位によって振り回されてしまうこともあります。

また、お友達を中心にレッスンを行っている場合、友人・知人までは問題がなくても、友達の友達あたりから、小さなトラブルも発生することが多いようです。キャンセルは不思議なもので、重なるときには次々と重なるため、ダメージも大きくなります。そして、キャンセルの数は、生徒さんの数に比例して多くなっていきます。

通う側からすると、融通がきくほうが参加しやすいのは確かですが、サロンが大きくなるにつれて、**スムーズな運営を行い公平性を保つためにも、キャンセルポリシーというルールを決めて、例外を作らないことが大切**です（レッスンポリシー参照）。

この部分はデリケートで、先生個人としての考えかたによるところが大きいのですが、規模が大きいほど規約も厳しくなる傾向にあるようです。大手のスクールや教室には必ず利用規約がありますので指標になります。

また、「レッスンそのものを忘れていた」「日にちを勘違いしていた」というパターンもありますので、**事前に確認メールを送るというのも対策のひとつ**です。

レッスンフィーの決めかたは？

レッスンフィーの決めかたの基本は、コストプラス・プライシング。

これは実際にかかる原価（材料費やティータイムの茶菓代、水道光熱費 etc.）を計算し、採算ラインに一定の利益を上乗せする方法です。利益をいくらに設定するか悩むところですが、各分野に相場というものが存在します。お稽古ポータルサイトなどで調べ、相場を加味したうえで適正なプライシングをしましょう。

人気サロンになると、ここにプラスαの付加価値を上乗せしたプライシングが可能となります。それがカスタマーバリューです。その金額に見合う価値があるかどうかは、マーケット＝生徒さん側が判断しますので、相場に左右されずに価格を設定することができます。

レッスンフィーの設定によって、集まる層は確実に変わります。どのようなサロンの雰囲気にしたいのか、どんな生徒さんを集めたいのかということも考えながら、レッスンフィーを決めましょう。

サロン運営にあたって発生する必要経費の例

材料費…………レッスンに必要な材料の購入費
水道光熱費……電気、ガス、水道使用料
通信費…………電話、切手、インターネットプロバイダー料金
消耗品費………サロン備品、事務用品代
広告宣伝費……媒体広告、チラシ作成、広報にかかわる費用
交際費…………返礼ギフト、祝金、見舞金、親睦会費用
交通費…………出張レッスン等にかかる電車賃やガソリン代

Hermitage　レッスンポリシー

みなさまが心地よく過ごしていただけるサロンになりますよう、ご理解とご協力をお願いいたします。

【レッスンについて】

● レッスンは完全予約制となっております。

● サロンへの入室は、レッスン開始時間の10分前よりお願いいたします。

● レッスン日の変更を希望される場合は、7日前までにお申し出ください。それ以降は以下のようにキャンセルチャージが発生いたしますので、ご了承ください。

レッスン日7日前まで………無料
7日前から前日まで…………キャンセル料　50％
当日…………………………………キャンセル料　100％

【ブログやサイトへのサロン紹介について】

● プライバシー権に抵触するような写真掲載（サロンの外観や細部、個人が特定できるような写真など）は、くれぐれもお控えください。

● 著作権および知的所有権を侵害するような情報記述（レジュメやレシピの転載含む）は、固くお断りします。

【その他】

● サロンを通じての営業活動、宗教・政治、ネットワークビジネス・セミナー等への勧誘行為は、一切禁止いたします。

● 会員様よりお預かりした個人情報は、本人の許可なく第三者への開示・提供はいたしません。ただし、法律の定めにより、国、地方自治体、裁判所、警察その他、法律や条例などで認められた権限を持つ機関より要請があった場合を除きます。

◉お金の悩み

趣味と実益を兼ねた優雅な仕事とはいえ、お金のことは気になるところですよね。

サロン運営をスモールビジネスという視点から見ると、**低予算で開業可能、ひとりで運営していく分には人件費もかからず、低リスク**といえます。

ただ、その分リターンも低いのが現実。実際のところ、サロン収入だけで生活が成り立つという先生は五%にも満たないといわれています。時間を費やしているわりには収入が少なく、「時給に直すと学生アルバイトのよう…」と驚くこともあります。

そうはいっても、趣味の域を脱して**サロンとして継続させるためには、プロとしての自覚を持ち、提供する価値に見合う対価をいただき、利益を生みだすしくみづくりが必要**です。

サロン運営は、レッスンフィーをいただくことで利益が生まれますが、一番の悩みどころは会費や月謝の決めかたではないでしょうか。

特に、始めたばかりの頃は、採算を度外視した価格を設定しがちですが、一度決めた額は、なかなか上げることができません。プライシングのページを参考にして、適正な価格設定をしましょう。

また、お金の管理が苦手という女性も多く、サロンと家計のお財布が一緒だったり、帳簿をつけていなくて、税理士さんに見てもらったら赤字だったという話も聞きます。

けれども、経理も仕事のひとつ。収入がある以上、**きちんと収支を把握し帳簿をつけ、一定の所得を超えたら、事業主として申告も必要**です。

サロンを主宰する先生は個人事業主となります。サロンを始めるときに、税務署に個人事業の開業届出書を提出し、青色申告または白色申告を行います。

お金の出し入れは、サロン専用の通帳とクレジットカード（金融機関によっては事業所名で口座を開設できるところもあります）に一本化し、会計ソフトを使って管理すると把握しやすくなります。

生徒さんからいただいた大切なお金は、私欲のために使うのではなく、循環させることが愛されサロンの秘訣。利益ばかりを考え、頭の中で電卓を叩き、損得で行動するような先生は、生徒さんから瞬時に見透かされてしまいます。

ブラッシュアップのための自己投資や、サロンに還元するという気持ちで再投資すると、形をかえて連鎖を引き寄せてくれるものです。

◉周囲の理解と協力

サロン成功の鍵は、応援してくれる人を増やしていくこと。中でも、まずは身近な家族が一番の理解者になってくれることが、とても大切です。

そもそも、自宅サロンは家族の協力があってこそ成り立つ仕事ですので、どのような状況のときにも心強いサポーターになってもらえるように、よく話し合い、理解を得ることが必要です。

また、**自宅サロンの場合、地域や近隣との関係性も重要**になります。

特にマンションの場合、規約で教室は不可というケースも多く、内緒にしているという話もよく聞くのですが、あとから発覚して裁判沙汰になったというケースも実際にありますので、必ず事前に確認と承認を。

人の出入りというのは、思いのほか目立つものです。気がつかないところで迷惑をかけていたり、もしかしたら快く思っていない人もいるかもしれません。

トラブルを避けるためにも、**ルールやマナーは順守し、日頃から周囲とのコミュニケーションや気配りを忘れず、気持ちよいサロン運営を心がける**ことが一番です。

サロンを長く続けるために不可欠な二つのマインド

サロンを始めることよりも、ずっと大変なのが継続していくこと。
「好き」という気持ちこそ、最大のモチベーションですが、輪を広げていくために、これだけは心がけておきたい大切な二つのマインドをあげてみたいと思います。

ひとつめのマインドは、**誰にでも惜しみなく分かちあうという気持ち、共感思考**です。

たとえば、とっておきの情報を手に入れたとします。あなたならどうしますか?
「誰にも教えたくない、秘密にしておこう」と考えてしまうと、輪は広がりません。
愛されサロンの先生がたは、生徒さんに対してはもちろん、たとえ先生どうしの間でも、惜しむことなく分け与えてくれます。自分が持っている情報の価値よりも、シェアした効果のほうが何倍もの価値があるということを、知っているからです。

大きな花を咲かせるには、たっぷり水を与えることが必要。**美しい花を咲かせたいと思ったら、まずは、与えられる自分になること**です。

サロンを始める前というのは、自分自身も生徒の立場＝知識や技術を与えられる立場です。先生になるということは、そのポジションが逆転するということ、つまり与える側にまわるわけです。

ただ、立ち位置がかわったからといって、簡単に与えられるようになるわけではありません。まずは、日常の中で、インプットしたものは、惜しみなくアウトプットするという習慣を心がけてみてください。

どんなに有益な情報やアイディアも、自分のところでためこんでおこうと思うと、次に入る場所がなくなってしまい、結果的にキャパシティを狭めてしまうことになります。分かちあいの姿勢は、人を惹きつけてプラスの連鎖を起こします。

〈ギブ＆テイク〉より〈ギブ・ギブ・ギブ〉の精神が大切です。

ふたつめのマインドは、**つねにブラッシュアップを心がけるという気持ち。**

与え続けるためには、たえず新しい情報や知識をインプットする必要があるからです。ひとつの分野を極めるには、長い年月を要するものですが、一度身につけた知識や技術も、時代の変化というスピードに追い越されてしまうもの。先生のほうもスキルアップし、アンテナを鋭く立て、学ぶ姿勢を持ち続けることが必要です。

私の場合も、いまも毎年イギリスに渡り、勉強を続けています。また、生徒さんのサロンや異業種セミナーなどにも参加するようにしています。外の世界に目を向けることによって、刺激も受けますし、何よりも生徒として初心に戻ることができる貴重な時間です。

そんなとき、他のサロンの先生と偶然お会いするということも多々あります。自分のお城であるサロンにとどまらず、積極的に外へ出かけ、交流を深め、ブラッシュアップをする姿勢には、学ぶべきところがたくさんあります。

インプットとアウトプット。どちらのマインドがかけていても、サロンを継続していくことはできません。これがどちらかに偏っていると、必ずどこかで停滞し、流れが止まってしまいます。

世の中のしくみは、すべて循環しています。

ときには一歩下がって、サロネーゼの森全体をゆっくり眺めてみてください。

あなたの土地は隣とつながっていて、水も空気も巡っているのが自然界。

自分の土地だけを美しくしようと思うのではなく、森全体を美しくすることが、共存共栄につながっていくのです。

愛されサロンを訪ねて

―インタヴュー編―

「セトレボン」主宰
料理研究家
宮澤奈々さん

「フルールドセゾン」主宰
花空間プロデューサー
内田屋薫子さん

20〜31ページでもご紹介した「愛されサロン」の主宰者のお二人に、藤枝理子さんが「愛されるサロンの秘訣」をたっぷり伺ってきました。ぜひ憧れの先輩たちの経験談を参考になさってください。

「セトレボン」主宰
料理研究家　宮澤奈々さん

教えるからには基礎をしっかり学び、人の数倍の勉強をする

藤枝　奈々先生が主宰されているサロンについてお伺いします。いまのお家で始められたのはいつ頃からでしょうか？

宮澤　ここで始めたのは半年ぐらい前ですね。サロンを始めてからは、二〇年ぐらいになります。サロンの名前は、フランス語で「美味しかったね」という意味の「セトレボン」とつけました。

藤枝　サロンを始められたきっかけを教えてください。

宮澤　もともと人を招いておもてなしをするのが趣味でした。料理のレシピを聞かれることも多くなり、「きちんと教えてほしい」と言われるようになったのが、始まりです。最初は三〜四人で材料費を割って一緒に作るスタイルでしたが、口コミで少しずつ増えてきて、だんだんと料理教室になっていきました。

藤枝　留学もされたとのことですが、お料理はいつから習っていらっしゃったのですか？

宮澤　料理に目覚めたのは、母がもともと料理が好きで、学生の頃から一緒に作ったり、習いに行ったり…。添加物を嫌う母は、毎朝パンを作り、そのこねる音で目が覚め、ソーセージもハムも、カルピスもバターもマヨネーズもすべて手作りでした。家族が食べるお野菜は近くの畑を借りて作り、お出汁も鰹節を削っていました…。そんな母に育てられたので、料理を作ることが当たり前になったのかな、と思います。

きちんと学びたいと感じたのは、レストランに食べに行ったとき。こんなきれいな料理を作りたい、どんな風に作るのかな…と思ったことがきっかけで、本格的に学校に行ったり、留学したり、レストランの厨房に入ったり…。それが楽しくて、どんどんのめり込んでいきました（笑）。

藤枝　お教室は自然発生的にスタートしたとおっしゃっていましたが、今は、待っても入れない人気サロンですよね。「待っていてくださいね」というふうになって、どれくらいになりますか？

宮澤　七〜八年ほど前から「入会したい」というお問い合わせをたくさんいただくようになりましたが、のんびり屋で趣味の延長でしたので、クラスを積極的に増やす気持ちがなく、結果的にお待ちいただくことになってしまっているのが現状です。

藤枝　その頃は、もう東京ガスの外部講師として教えていらしたんですか？

宮澤　はい、そうです。外部講師のお仕事をもらってから、申し込みがくるようになったというのはあります。外部講師をやるということも、集客につながっているかもしれないですね。広まりますものね。

藤枝　外部講師の仕事は、どのようなきっかけで始められたのでしょうか？

宮澤　当時、私が通っていたＦＦＣというフランス料理の学校は、東京ガスの料理教室の運営会社と同じでしたので、そんな関係から東京ガスキッチンランドの講師を依頼されるようになりました。恥ずかしがり屋の私は、人前で話をすることなんてとんでもないこと。最初は「できません」とお断りしたんですが、館長さんが「やってみてください」とおっしゃってくださって。それで始めることになったんです。

藤枝　最初のレシピ本の出版の経緯を教えていただいてもよろしいですか？

宮澤　最初は、出版詐欺かと思って無視していたんですけど（笑）。ブログを見て、「盛りつけの本を出しませんか」とご連絡がありました。盛りつけ本は、まだそのころは、あんまり出てなくて。池田書店さんが著者を探していたみたいです。干物を上手に盛るとか、お造りをきちんと盛るとか、規則を知っている人できちんと盛りつけできる人をブログで探していたそうです。だから、ブログで発信するのは、すごく大事ですよね。出版社は常に探しているようですね、企画に合う人を。

藤枝　その盛りつけのノウハウは、どちらで習得されたんですか？

宮澤　和食に関しては、懐石料理屋主宰の料理教室で、アシスタントを十数年務め学びました。どんな分野でも基礎や伝統を学ぶことはとても大切だと考えています。基礎を身につける中で、盛りつけのルールや美しさ、難しさを知りました。

ブログのプロフィールを見て、一冊目の料理本『おいしく見せる盛りつけの基本』のお声をかけてくださったのだと聞いております。

藤枝　ブログとかFacebookで工夫していることは、何かありますか？

宮澤　家庭でヒントになるようなことをなるべく載せるようにしています。日常のごはんを載せたりすると、どんなふうな盛りつけで食べているのかとか、どんな器を使っているのか、などに関心を持ってくださるみたいです。

藤枝　お話を伺っていると、日常の延長線上にサロンがある感じなのですね。いちばん幸せって感じるのは、どのようなときですか？

宮澤　お料理しているときです。作ることが好きです。厨房仕事が結構、好きです。

藤枝　「レシピを考えるのが大変！」と感じたことはありませんか？

宮澤　ああ、でもそれはありますよ。長く通ってくださっている生徒さまに飽きられないように、いつも新しいものを少しでも取り入れられるよう、努力はしております。

藤枝　最後に、サロンをこれから始めるかたへのアドバイスをお願いします。先ほどおっしゃった基礎を固めておくというのも大事ですよね。

宮澤　それはとても大切なことです。基礎を学ばず、最初から簡単なものばかりを覚えてしまうと、それ以上広がらないと思いますし、お月謝をいただいて教える以上は責任がありますので、きちんとした基礎と知識を身につけ、プロ意識を持って望まないと生徒さまに失礼なのでは…と思っています。長くやればやるほど、それがどんなに大切なことだったかが分かってきますよ。

あとは、マンションなど集合住宅では、近隣のかたに相当気を使うことになるので、マンションでサロンをやるのは注意したほうがいいですね。

長続きさせるには楽しんでやることだと思うので、あんまりこう、ぎゅうぎゅうに考えないで、お友達同士から気楽に始めたらいいかもしれないです。それから、好きなことじゃないと長続きしないと思います。

料理を教えることは決して楽なことではないですし、一番大変なのでは…と思うことがあります。メニューを考え、試作し、買い出し、仕込み、掃除、テーブル、生徒さんとの予定のやりとり…、限りなく仕事がたくさん。料理は体力！　好きでないとできませんね（笑）。

愛されサロンを訪ねて ◎ インタヴュー

「フルールドセゾン」主宰
花空間プロデューサー
内田屋薫子さん

人の真似ではなく自分の得意をプラスしていく

藤枝　まずは、薫子先生がサロンを始めることになった経緯を教えてください。

内田屋　人がたくさん来るような家庭で育ったので、結婚したら、お友達をたくさん呼んだりしてワイワイやるものだと思っていました。アメリカで結婚生活を始めたんですけれども、お料理教室がなかったので、まずお花の教室に通い始めたんですね。そこでお花にはまってしまって。三年くらいして帰国したんですけれども、一人めの子のママ友が、家に飾っているお花を見て、「お花を教えてほしい」と言われまして。月一回くらいだったらできるかなと始めたのがきっかけです。次男が三か月のときに始めて、最初はお友達六人で月一回のレッスンでした。

藤枝　まぁ、まだ赤ちゃんですよね。生徒さんがママ友ということは、みなさんもお子さんを連れてくるという中でお花を教えていらしたのですか？

内田屋　はい。私が市場に仕入れにいく間もお友達が子どもを見ていてくれて。そういうスタイルで始めました。口コミで人数も増えてきたんですけれども、長男の卒園のときに、転勤になったかたがいたりして、やめるというかたが出てきたんですね。そのときに、続けるかどうかという転機がきました。

いざやってみると、今までになかったような教える喜びを感じるようになって、「これはすごくやりがいのある仕事だな、しっかりやってみよう」と思ったんです。そんなときに「雑誌にプロフィールを出してみたら」とアドバイスされて、『マート』という雑誌にプロフィールを出したら、一週間くらいで連絡が来て、「プチ先生になりたい」という企画に掲載していただきました。それから毎月五人くらいの体験レッスンの申し込みがあり、半年で三〇人くらい新規のかたが入ってくださって、五〇人くらいのしっかりしたお教室としてスタートした、という感じですね。

藤枝　転機がきたときに決意をして、ある意味、本当にスタートされたのですね。

内田屋　そうですね。やっぱりお月謝をいただくという部分で、意識もすごく変わったかなと思います。お花の世界は、しっかり学んでいるかたが多いので、「もっとしっかり勉強しなくちゃ」「しっかりした資格を取りたい」と思って、フランスの国家資格のＤＡＦＡ※1と2の資格を取るために学びました。ＤＡＦＡ2は、その当時、資格を持つ日本人は一〇〇人もいなかったので、結構注目の資格ではありました。資格の勉強をすることで、本当に花漬けの毎日を送ったし、試験はフランスで受けるので渡仏して直前レッスンも受けて…。一日に七作品くらい作るんですが、本当にいい勉強になったと思います。

藤枝　お子さんがいながらフランスまで行かれたのですね。

内田屋　そうですね。夫に感謝しなくちゃ、という感じです。毎回、夫が会社を休んで子どもたちの面倒を見てくれました。

藤枝　家族の協力もやっぱり必要ですね。いま一番幸せだなと感じる瞬間は、お仕事のときとプライベートなときと、どちらですか。

内田屋　私は仕事がすごく好きなので、やっぱり仕事をしているときが楽しいですね。生徒さんたちが喜んでくれると嬉しいと思います。でも、家族あっての仕事だと思っているので、優先順位を間違えないように、仕事にのめり込まないようにし

※フランス国立園芸協会主催のフラワーアレンジメントの資格試験。

ています。子育てが一番重要だと思うから、この仕事を選んだわけですし。

藤枝　人気サロンを運営されていますが、ホームページやブログで、何かご自身で工夫されていることはありますか。

内田屋　私は言葉で表現するのがちょっと苦手で、写真で伝えるほうが得意かなと思ったので、数年前に写真を勉強しました。なるべく自分がイメージしているものを写真で伝えられたらと思っています。あとは、できるだけこまめにブログを更新するということと、読んでくださるかたの役に立つ情報を提供できたらいいなと思っています。

藤枝　ブログからいらっしゃるかたと、ご紹介のかたと、どのくらいの割合ですか。

内田屋　おもてなし教室に関しては、お友達の紹介で一緒に来るかたもいるんですけど、お花のレッスンはほぼ一人で来るかたが多いですね。お花は本当に好きなかたが、インターネットで探して、自分の好きなテイストのところを選んでいるのかなと思います。

藤枝　お花のレッスンとおもてなしとでは、生徒さんの層が違うんですか？

内田屋　そうですね。ただ、お花好きなかたは、テーブルコーディネートやおもてなしに興味があるかたが多いので、お花のレッスンに来ているかたの何割かは、おもてなしレッスンのほうにも参加してくださいます。おもてなしのレッスンにはじめて来たかたで、「お花のほうもやってみたい」というかたもいるので、つながっているのかなという感じはしますね。

藤枝　先生ご自身は、どちらのほうが楽しいですか？

内田屋　私自身は、トータルで提案するほうが好きなので、おもてなしレッスンのテーブルを作っているときが本当に楽しいです。とはいえ、おもてなしレッスンだけにするつもりはないので、お花のレッスンもやりつつ、みなさんが望んでいることを教えてあげられるように、バランスよくやっていけたらと…。

藤枝　こんなこともやってみたい、という将来の夢はありますか？

内田屋　そうですね、おもてなしレッスンは、お教室を開いているかたやプロフェッショナルとしてやりたいかたの受講が最近多いので、おもてなしプランナーを養成するレッスンを始めようかなと思っています。簡単にフラワーアレンジを作れたり、フードもきれいに盛りつけができたり、素敵な空間で美味しそうに見えるテクニックがあれば、同じフードでも、より魅力を感じますよね。

藤枝　それこそ時代が求めているものですよね。これからの分野ですね。

内田屋　そうですよね。テーブルデザインはクラシックからモダンまで幅広いと思うんですけれども、うちのお教室は「スタイリッシュ」というキーワードをテーマにやっているので、スタイリッシュなテーブルを作るときのノウハウをお伝えしたいです。たとえば、お花にしても花材の選び方にもポイントがあるので、漠然と「わぁ、素敵！」で終わらせるのではなくて、素敵な理由を細かく、具体的に分析して、体得して自分のものにできるようになるまでの講座というのがあったら、面白いかなと思います。

藤枝　これからサロンを始めたいというかたに向けて、ずばり人気サロンになれる秘訣があれば、教えてください。

内田屋　人気サロンになると意識してこなかったので、ちょっと分からないところもありますが、人の真似をしている人というのはやっぱり個性がないと思うんですね。それは見ている人も感じ取ると思います。やっぱり個性というのは、その人にしかないわけだから、それぞれが持っている得意なことをプラスしていくとか、ほかにない特色を打ち出していくというのが、成功の秘訣なのかなという気がします。

藤枝　自分にしかないOnly1の部分を自分自身で探すのが、一番難しいと思いますが。

内田屋　私は、得意なことと、得意じゃないことの差が激しいんです。得意じゃないものは、そこにいても放心状態になるくらい頭に入ってこないけれども、好きなことだったら苦にならないじゃないですか。それを取り入れていけばいいのではないでしょうか。

おもてなしのレッスンでも、私はクラフトが実は得意で、クラフトのアイディアも教えているんですね。アイディアを教えるのは、別に、クラフトのプロじゃなくていいと思うんです。たとえば今日のおもてなしのテーブルのメニューは、ふつうに台紙に貼りましたが、それをカルトナージュ風にすると、もっと素敵になったりしますよね。ちょっとしたアイディアをプラスする提案をしたいなと思って、ミニレッスンで取り入れたりしているんです。

ラップサンドはセロハンで巻いた上に飾りのシールをつけたり。そうすると乾燥もしないから、長時間のパーティにもいい。そういう感じで、ちょっとしたアイディアやパーティクラフトを提案しています。

藤枝　そういうアイディアのほうが、生徒さんも喜びますよね。

内田屋　そんなに難しくないからやってみよう、みたいな。フードのほうは私が考えているんじゃないんですけれども、簡単なウェルカムドリンクを作って提案しています。ハーブコーディアルとかも、結構簡単に作れたりするんですよ。ジンジャーシロップや、ミントジュレップソーダもすごい人気だったの。そんなふうに、おもてなしのレッスンでは、それぞれが自分の得意な分野で提案をしているんです。

もし自分の得意なことが自分で分からなかったら、人に聞いたりするのもいいかもしれないですよね。自分の魅力とか強みとか、客観的にお友達に聞いてみると、参考になる部分が出てくるんじゃないかなと思います。

藤枝　最後に、サロンを始めるかたへの応援メッセージを一言お願いします。

内田屋　お教室を始める前はすごく不安だったり、どんな準備をすればいいの？と いろいろ考えると思うのですが、始めてみて、何か問題があったらそこで考えてもいいと思います。意外に、準備で一杯一杯になっちゃうかたもいらっしゃるので、もっと気軽に構えて、自分自身も勉強だと思いながら始めてみる。

最初は誰でも初心者だと思うので、いたらないところもあるかもしれないという謙虚な気持ちでやっていけば、生徒さんも、きっと分かってくれると思います。まず一歩を踏み出すところから始めてみたらいいんじゃないかなと思います。

Epilogue

待ち望んでいた春がやってきました

いま、あなたの目には、どのような風景が広がっているでしょうか。

思い通りの花を咲かせたかた、あと少しでツボミが開くというかた…、成長のプロセスも速度も、それぞれ違っていて当然、こたえはひとつではありません。

苦労して土壌を耕し、種を植えても、なかなか芽が出ない時期もあります。そんなときは、育てかたが間違っていたのではないかと不安になり、自信をなくすこともあります。向こうの土地のほうがよかったかしら…、とまわりばかりが気になり、心がぽっきり折れそうになることだってあります。

けれど、その時間もまた、成長過程には必要なのです。

春は必ず訪れます。愛おしい花こそ、時間をかけて丁寧に育んでください。

大切なことは、ただ想いだけ。信念を持って水を与え続けてください。

私も、一生懸命に花を育てている途中です。

何もなかった場所を、泥まみれになりながら耕していたら、そのうち手を貸してくれる人が現れ、気がつくと多くのかたと一緒にシェアしながら、力をあわせていろいろな花を育てています。

その花を見て誰かが癒やされたり、摘み帰って、また他の誰かを笑顔にしたり…、そんなHappyの波動が広がっていけば、これ以上幸せなことはありません。

最後に、本書を作るためにお力添えくださった多くのかたがた、サロンを支えてくださっているたくさんのみなさま、そして、この本を通じて出逢ったあなたへ、心から感謝の気持ちを申し上げ、結びの言葉といたします。

今日という日が、笑顔と幸せで満たされていますように。

そして、あなたの人生というフィールドに、美しい花が咲き誇りますように。

二〇一四年　清秋

エルミタージュ　藤枝理子

藤枝理子 RICO FUJIEDA

東京都生まれ。英国紅茶&マナー研究家。サロンアドバイザー。

大学卒業後、ソニー株式会社に勤務。結婚後、紅茶好きが嵩じてイギリスに紅茶留学。帰国後、東京初サロン形式の紅茶教室「エルミタージュ」を主宰。ウェイティング350名の人気サロンでは、英国スタイルで学ぶ紅茶&テーブル、自宅サロン開設講座などライフスタイル提案型レッスンを行い、テレビ・雑誌・講演会などでも幅広く活躍中。著書に『サロンマダムになりませんか?』(WAVE出版)、『もしも、エリザベス女王のお茶会に招かれたら?』(清流出版)、『プリンセスになれる午後3時の紅茶レッスン』(メディアファクトリー)がある。

公式ブログ http://ameblo.jp/rico1995/

編集・取材=藤岡信代
ブックデザイン=矢代明美
撮影=南都礼子
イラスト=永峰祐子
取材協力=池田香織

人気サロネーゼがそっとお教えする秘訣
「愛されサロン」のつくり方

2014年11月29日 [初版第1刷発行]

著者 藤枝理子

発行者 藤木健太郎

発行所 清流出版株式会社
〒101-0051
東京都千代田区神田神保町3-7-1
電話 03-3288-5405
〈編集担当〉松原淑子
http://www.seiryupub.co.jp/

印刷・製本 大日本印刷株式会社

乱丁・落丁本はお取り替えいたします。
ISBN 978-4-86029-422-9